식테크계의 비트코인 K-풍란 시대가 열린다

식테크계의 비트코인, K-풍란 시대가 열린다

ⓒ김민석 2025

초판 1쇄 발행 : 2025년 7월 17일

지 은 이 : 김민석
펴 낸 이 : 유혜규

디 자 인 : 김연옥
교정·교열 : 박인숙

펴낸곳 : 지와수
주소 : 서울 서초구 잠원동 35-29 대광빌딩 302호
전화 : 02-584-8489 팩스 : 0505-115-8489
전자우편 : nasanaha@naver.com
출판등록 : 2002-383호
지와수 블로그 : http://jiandsoobook.co.kr

ISBN : 978-89-97947-48-5(13320)

* 책 값은 뒤표지에 있습니다.
* 잘못된 책은 바꿔드립니다.
* 이 책의 전부 또는 일부 내용을 재사용하려면 반드시 사전에
  저작권자와 지와수 양측의 서면 동의를 받아야 합니다.

신비한 불로초 풍란의 승리!

식테크계의 비트코인 K-풍란 시대가 열린다

취미와 자산을 농사짓는 도시농부의
평생 취미·평생 소득 전략

김민석(본비) 지음

지와수

프롤로그

카오스의 시대,
풍란에게서 미래를 찾다

세상은 너무 빠르게 변하고 있다. 하루가 멀다 하고 쏟아지는 뉴스 속에 진짜와 가짜를 가리기조차 버겁다. 혼란 속에서도 흔들리지 않으려 애쓰지만 그럴수록 더 깊은 미로에 갇히거나 뜻밖의 함정에 빠지게 되곤 한다.

이처럼 불확실한 시대일수록 우리는 질문해야 한다.

과연 어떻게 미래를 준비할 수 있을까?

답은 때로 역발상에서 시작된다. 인간보다 훨씬 오래전에 이 땅에 출현해 억겁의 시간을 건너며 지금도 변함없이 살아 숨 쉬는 존재가 있다. 그 신비하고 위대한 생명력 속에 우리가 잊고 지낸 지혜가 있고, 살아남는 원리를 배울 수 있다.

그렇다면 과연 그것은 무엇일까? 정말로 그런 존재가 있을까?

분명히 있다. 그리고 그 이름은 다름 아닌 우리의 미래를 피워낼 식물, 바로 '풍란(부귀란)'이다.

나와 풍란의 첫 만남

20여 년 전, 나는 주식 애널리스트로 하루 18시간 이상 모니터 앞에 앉아 살아야 했다. 매일 반복되는 과도한 업무 속에서 몸도 마음도 서서히 무너져갔다. 거북목, 소화불량, 안구건조증은 기본이었고, 스트레스에 예민해져 가족과 주변 사람들에게 상처 주는 일도 많았다. 그땐 '직장인 증후군'이라는 말조차 없었고, 예민한 나는 '성격 파탄자'처럼 보였을지도 모른다.

그렇게 지쳐가던 어느 날, 워렌 버핏의 말이 내 마음을 강하게 흔들었다.

"잠자는 동안에도 돈을 벌 수 없다면, 평생 부자가 될 수 없다."

나는 고민했다. 도대체 어떻게 자면서 돈을 벌 수 있을까?

그러던 중, '밤에 잘 자라는 식물'이라는 작은 인터넷 기사가 눈에 들어왔다. 그리고 그날, 나는 인천 검단 화훼단지로 향했다.

사람들로 북적이는 단지 한 켠, 눈에 띄게 조용한 한 화원이 있었다. 허름한 외관, '연리지'라고 쓰인 낡은 현수막 하나. 하지만 그 앞엔 벤츠, BMW 같은 고급 외제차들이 서 있었다. 그 순간, 직감이 왔다.

'무언가 있다.'

나는 조심스레 문을 열었다. 안에는 연세 지긋한 어르신들이 난초 하나를 바라보며 조용히 대화를 나누고 있었다.

"누가 풍란으로 1억을 벌었대."

"땅 팔아 난초 샀는데 더 벌었다더라."

그 말들이 들릴 듯 말 듯 내 귀에 꽂혔다. 그 순간, 나는 알 수 있었다. 이 작은 식물 속에 내가 찾던 '잠자는 동안 돈을 버는 시스템'의 단서가 숨어 있다는 것을.

그것이 나와 풍란의 첫 만남이었다.

풍란이 내 인생을 바꾸다

결국 그 난초는 내 손에 들려 있었다. 천하의 복을 모두 가져다준다는 이름을 가진 '천혜복륜'.

당시 20대 후반이었던 나는 30만 원이라는 적지 않은 돈을 주고 그것을 샀다. 하지만 이상하게도, 그 난초는 마치 내 인생을 위해 준비된 선물 같았다.

어르신들은 젊은 내가 풍란에 관심을 보이자 양보하는 듯 미소를 지었지만, 나는 어른들과 경쟁 끝에 그 난초를 얻어낸 기쁨에 들떠 있었다. 어쩐지 부자들과 어르신을 이긴 듯한, 작지만 짜릿한 승리감이었다.

집에 오자마자 나는 천혜복륜을 컴퓨터 모니터 옆에 소중히 두었다. 일하다 스트레스를 받으면 그 난초를 조용히 바라보았다. 놀랍게도 그럴 때마다 내 안의 분노와 긴장이 스르르 풀렸다. 풍란은 내 시선을 조용히 받아내며, 내 안의 스트레스를 조용히 흡수해주는 작은 생명의 치유자였다.

사실 풍란을 처음 키울 땐 주변의 반대도 만만치 않았다.

"그게 돈이 되겠어?"

천혜복륜을 처음 살 때는 3~4촉 정도였는데, 오랫동안 키우다 보니 이렇게 자랐다. 촉수도 엄청 많아지고, 꽃도 만발이다.

"그런 식물에 왜 그렇게 많은 돈을 써?"

하지만 그럴수록 나는 풍란을 더 사랑하게 되었다. 마누라 몰래 적금을 깨고, 주식을 팔아 난초를 사기도 했다. 때로는 사기를 당해 낙심하기도 했지만, 신기하게도 풍란과 함께 있으면 그 모든 일이 아무렇지 않을 만큼 행복했다.

사람들은 이해하지 못했지만 나는 풍란 속에서 기회를 봤다. 그저 마음의 위안만이 아니라 재테크의 가능성도 분명히 있었다.

나는 당시 증권사에서 재무설계사로 일하며 4년 연속 우수상을 받을 정도로 돈의 흐름을 읽는 눈을 가진 사람이었다. 그런 내가 주식보다 풍란에 더 집중하게 된 데는 분명한 이유가 있었다.

아이 하나가 떠오른다. 30여 년 전, 아르헨티나의 가난한 동네에서 태어난 작고 연약한 소년. 그 소년은 모든 반대를 이겨내고 세계 최고의 축구선수가 되었다. 그의 이름은 메시. 그처럼 나도, 모든 반대를 무릅쓰고 풍란을 품에 안았다.

그 선택이 내 인생을 바꿨다. 풍란은 단순한 식물이 아니다. 그건 나를 치유했고, 내 재테크의 방향을 바꿨으며, 무엇보다도 '내 삶의 중심에 들어온 인생의 전환점'이었다.

혼자만의 풍란이 아닌, 함께 누리는 풍란을 꿈꾸며

20여 년 전, 내가 처음 풍란을 시작할 때 그 가치를 이해하는 사람은 거의 없었다. 하지만 일본은 달랐다. 그들은 500년 전부터 부귀란의 가치를 알아보았고, 무려 5대, 6대를 이어가며 연구하며 그것을 가보이자 유산처럼 지켜내고 있었다. 그들의 사랑은 일제강점기까지 이어져 산야와 절벽에 널려있던 풍란을 우리 아낙들을 시켜 모조리 캐어 갔다.

나는 그때까지 내가 이상한 사람인 줄 알았다. 하루 한 끼를 굶어도 풍란을

아파트 베란다에 풍란을 걸어놓고 일하다 지치면 집으로 가서 난초를 보면서 힐링하곤 했다.

더 오래 보고 싶었던 나를 주변 사람들은 이해하지 못했다. 하지만 일본에 가서 그 마음을 공유하는 사람들을 만나고 나는 확신했다. 풍란은 쌀보다 귀하다고 믿는 사람들이 이 세상 어딘가에 있다는 걸.

풍란은 정말이지, 너무나 매혹적인 존재다. 꽃과 향기로 사람을 취하게 만들고, 무지개 빛 젤라틴 뿌리를 드러내며 눈으로도, 코로도, 마음으로도 사람을 유혹한다.

그렇게 아름다운 풍란을 혼자만 바라보기엔 너무 아까웠다. 그래서 하나씩 내 가장 소중한 사람들에게 선물하기 시작했다. 그리고 '앗, 세상에 이런 난초가!'라는 제목으로 블로그를 열었다. 그건 단순한 기록이 아닌, 풍란을 향한 사랑의 발신이었다.

10년이 흐르자 내 곁에는 풍란을 함께 사랑하는 이들이 20명 넘게 모였고, 우리는 '모단회'라는 이름으로 작은 공동체가 되었다. 지금은 200명이 넘는 '모단패밀리'로 성장했다.

2024년 6월, 우리는 '한국부귀란협회'를 만들었고, 그해 9월엔 중국 난징에 '풍란당'을 세웠다. 풍란당은 중국 내 첫 번째 풍란 전문점이다. 이제 풍란은 한국을 넘어 일본, 러시아, 대만, 태국, 중국, 미국, 유럽 등 전 세계로 퍼져가고 있다.

그 여정 속에서 나는 '본비'라는 이름으로 불리게 되었다. 본비는 1887년 일본 미에현에서 처음 발견된, 부귀란 중에서도 가장 귀한 품종이다. 지금 일본 전역에 40촉, 한국에는 단 3촉만 존재하는 살아있는 보물이다.

'본비'라는 이름을 내가 가진다는 것. 그건 단지 별명이 아니라 20년을 미친 듯이 풍란 하나만 보고 달려온 나 자신에 대한 작은 보상이었다.

풍란은 몸과 마음을 치유해주는 힘이 있다. 그것은 단지 힐링이 아니라 지속적이고 안정적인 수익을 만들어주는 삶의 시스템이다. 손실에 대한 걱정 없이, 조용히 고수익을 만들어내는 풍란은 은퇴를 준비하는 사람들에게는 최고의 자산이며, 취미처럼 시작해도 인생을 바꾸는 투자로 발전할 수 있다.

이제 풍란은 한국에서 비상(飛上)을 준비 중이다. 일본이 먼저 부귀란을 알아보았고 그 역사가 무르익은 지금, 한국이라는 신대륙에서 대박의 문이 열리고 있다. 일본은 고령화되었고, 이제 바톤은 한국에게 넘어왔다.

이미 중국, 중동, 태국, 인도네시아, 유럽, 러시아에서 연이은 제안이 들어오고 있다.

나는 믿는다.

다음은 한국 차례다.

우리 손으로 'K-풍란'을 세계로 퍼뜨릴 시간이다.

이 책을 쓰는 내내 나는 떨렸다. 이 오랜 이야기를 과연 내가 잘 담아낼 수 있을까. 가끔은 눈앞이 캄캄하고, 현기증이 날 정도로 두려웠다.

하지만 누군가, 단 한 사람이라도 이 책을 통해 풍란의 세계에 발을 들이게 된다면…, 내 가슴은 용광로처럼 뜨거워질 것이다.

그리고 나는 믿는다. 그 순간 우리는 이미 친구가 되어 있을 것이라고.

나는 혼자만의 풍란이 아닌, 함께 누리는 풍란을 꿈꾼다.

목 차

프롤로그 _ 카오스의 시대, 풍란에게서 미래를 찾다 … 4

PART 1
부자가 되려면 풍란을 키워라!

밥보다 풍란이 더 좋다? … 18
풍란은 어쩌다 국제 1급 멸종 위기종이 되었을까? … 19
일본이 밥보다 사랑한 '다도(茶道)'와 '부귀란' … 24

Tip | 전설처럼 내려오는 풍란 히스토리 … 24
Tip | 풍란과 부귀란의 차이 … 27

족보가 있는 명품 풍란, 부귀란 … 29
명품은 영원하다 … 29
100년 가까이 매년 빠짐없이 발표된 부귀란 명감 … 31
부귀란 명감을 보는 방법 … 33

풍란은 돌연변이를 통해 명품으로 자란다 … 35
부귀란 진화의 비밀 … 36
5천 원짜리 대파청해의 반란 … 38
한 촉에 1만 원인 '옥금강', 두엽 최고봉 '황관'으로 변신 … 40
13년 만에 옥금강에서 백일몽이 탄생하다 … 43
키우는 사람의 정성이 명품을 만든다 … 45

PART 2
젊어서 난 키우면 늙어서 난이 돌본다

치유와 재테크가 하나로! 식테크가 뜬다 … 48
성공하는 식테크 6계명 … 49
식물계의 비트코인이라 불렸던 몬스테라의 몰락 … 53
황홀한 탐욕이 만들어낸 최초의 거품 경제 '네덜란드 튤립' … 55

식테크의 꼭지점은 바로 '난테크' … 58
왜 춘란은 지고, 풍란이 뜰까? … 59
확실한 수익을 보장해주는 난테크, 부귀란 … 62

정말 부귀란은 조직배양이 안 될까? … 64
조직배양이 뭘까? … 65
멋진 무늬를 만드는 키메라 돌연변이의 비밀 … 66
부귀란 조직배양이 의미가 없는 이유 … 69

Tip | 무한복제가 가능한 유일한 풍란, 부악 … 69

실생 배양의 양면성 … 70
실생 배양의 긴 여정 … 71
무지 풍란 밭에도 보물은 있다 … 74
돌연변이 가능성이 높은 '끼' 있는 난초를 찾기 … 75

PART 3
은퇴야 기다려라! 나는야, 국제 1급 멸종 위기종을 생산해내는 도시농부

은퇴 후 뭘 하고 살아야 할까? … 80
저성장, 저출산, 조기은퇴, 고령화 시대의 유일한 대안 … 81
풍란(부귀란)을 키우는 도시농부 … 81
영원한 블루오션, 풍란(부귀란) 난테크 … 84

Tip | 진정한 힐링! 스트레스 제로! … 86
녹색 치유농업 중심에 풍란이 있다

풍란의 시작, 풍란의 종류 이해하기 … 88
대엽풍란과 소엽풍란 … 88
숯부작, 석부작, 목부작 … 90
부귀란(富貴蘭), 신풍란, K-풍란 … 91

풍란 크기로도 분류! 장엽, 중엽, 단엽, 두엽, 미엽 95

풍란을 위한 최적의 화분 고르기 99
토분부터 전시분까지 종류도 다양하다 99
너무 크지도, 작지도 않아야 한다 101
풍란 화분을 모으는 것도 또 하나의 즐거움 101

흙이 아니다. 수태(水苔)에 심는다 103
좋은 수태(水苔) 고르기 104
수태빵 쉽게 만드는 방법 105

풍란 잘 키우는 기본 배양법 4가지 107
1. 빛, 직사광선과 장시간 노출은 피해야 한다 107
2. 온도, 낮과 밤의 적정온도가 다르다 108
3. 풍란 관습법, 계절에 따라 다르다 110
4. 바람, 잔잔한 미풍이 통풍을 돕는다 112
Tip | 과유불급, 욕심이 과하면 독이 된다 113

누가 명품에 흠집냈어? 병충해 대응법 114
그을음병을 일으키는 깍지벌레(Scale Insects) 없애기 115
단단한 껍질을 가진 개각충 대응하기 116
뿌리썩음병(Root Rot) 치료하기 117

잘 키운 난초 어디서, 어떻게 판매할까? 120
난초 상점부터, 경매까지 판매 경로는 다양하다 120
파는 사람도, 사는 사람도 행복한 경매 122

난초의 가치와 가격은 어떻게 책정될까? 124
부귀란 예의 점수와 진화의 차원도 및 가격 126
차원표에 따른 가격 책정 사례 127
난초의 크기와 촉수, 무늬, 혈통도 가격에 영향을 미친다 129

PART 4

종자전쟁에서 디자인 전쟁으로, 한국을 넘어 중국으로!

유니크한 난초를 만들려면 종자혈통과 환경이 중요하다   134
금모단 혈통을 이어받은 황금금모단, 대한금모단   135
건국류 중에서도 혈통 좋은 건국 136과 109   138
굵지 않은 마지막 복권 'K-풍란'   140
Tip | 좋은 난초 고르는 법! 난초의 외형 검사   141

감상 포인트를 알아야 명품 난초를 리딩할 수 있다   146
살아있는 뿌리를 감상한다고?   147
풍란의 허리, 축의 색깔을 알아야 돈이 보인다   150
풍란의 미래를 알 수 있는 비밀코드, 붙음매   152
잎의 무늬와 종류, 무늬의 감상 포인트   155
잎(엽)의 모양도 다양   161
꽃의 특성과 감상   163
Tip | "난의 묘미는 뭐니뭐니 해도 변이종이죠"   163
Tip | 난초진언, 디자인 전쟁의 핵심   167

디자인 전쟁은 곧 무늬 전쟁이다   168
무지의 난초에서 무늬를 발현시키는 방법   169
앞으로가 더 기대되는 설백 참빗살 무늬   170

신풍란에 디자인을 입힌 'K-풍란'   174
K-풍란, 천금! 열 '건국'이 열 '흑모단'이 부럽지 않은 이유   175
더 이상 석곡의 무늬가 부럽지 않다   175

15억 중국시장, 드디어 풍란 시장이 열리다!   179
중국 시장 진출의 첫 걸음, '풍란당' 오픈   179
한국부귀란협회, 중국 진출을 위한 전략적 제휴   181

PART 5
세상에서 가장 작은 포켓 난초, 풍란 난테크와 함께 즐거운 인생 2막

풍란 덕분에 5년 일찍 희망 퇴직했어요	184
김희균(가치함께)	
내겐 풍란이 바로 황금 알을 낳는 거위에요	189
이미선(샘물)	
취미로 시작해 지금은 월급 외에 연 3천만 원 정도 벌어요	195
임영동(천가인)	
80세 난초 아가씨, 120살까지 멋지게 살 거예요	200
박복순(열번개)	
매달 500만 원 연금? 풍란 덕분에 가능해졌어요	205
안은숙(해피대모)	
힐링과 재테크, 두 마리 토끼를 다 잡았어요	210
최유미(엘앤앤)	
22년간의 고민, 풍란 덕분에 해결했어요	215
박상배(아하난초)	

PART 6
난 부자 되는 기본 핵심 난초 30선 공개

고전 명품, 전설의 부귀란 10선	223
01 부와 귀함을 상징하는 단 하나의 난초 **부귀전**	224
02 살아있는 화폐, 소장하는 순간 가치가 빛난다 **금모단**	226
03 변화무쌍한 매력이 넘치는 부귀란의 숨은 보물 **흑모단**	228
04 진정한 명품의 향연! 불가사의한 도도함 **백모단**	230
05 옥이야 금이야 키웠더니 황금보물이 된 **금강보**	232
06 세상에서 가장 작지만 비싼 기린 **금기린**	234
07 영원한 부귀란의 전설 **본비·건국전**	236
08 새로운 복륜을 보여주는 **금직**	239
09 평범함에서 비범함으로! 500년만의 기적 **백옹**	240
10 웅장한 외관을 자랑하는 **취보**	241

명품 컬렉션의 재미, 꼭 키워봐야 할 신풍란 10선   242
- 01 독특한 무늬와 볼륨감이 매력적인 **원창**   244
- 02 한일 양국이 사랑한 명품 **대관**   246
- 03 완전히 새롭고 뛰어난 차원의 **천명**   247
- 04 묵에서 백색 줄무늬의 변화가 돋보이는 **고조선**   248
- 05 녹의 보석, 녹보의 호 **녹채보**   249
- 06 선명한 호반 무늬가 특징인 **설경관**   250
- 07 신(神)도 갖고 싶어했던 꿈의 난초 **어신도**   251
- 08 하늘이 내린 종자 **천종**   252
- 09 하늘이 내려준 명예 **천관**   254
- 10 유백색의 얇은 호반 무늬 **초선관**   255

K-팝, K-푸드를 이을 기적의 K-풍란 10선   256
- 01 천개의 줄무늬가 나온다는 한국산 백호랑이 **천호**   258
- 02 무늬의 변화가 빚어낸 황금의 변주곡 **천금**   260
- 03 하늘이 내린 군사 **천군**   262
- 04 세상 만물의 에너지를 품고 있는 명물 **만관**   264
- 05 설백 복륜의 끝판왕 **천백**   266
- 06 입체 난초의 시대를 여는 K-풍란의 선두주자 **모패**   268
- 07 천종과 천관이 만나 이룬 기적 **천흑**   270
- 08 100년 부귀란계의 패권을 뒤흔든 K-풍란의 새로운 별 **천설**   272
- 09 유성태 육종가의 30년 집념의 결정체 **탄성**   274
- 10 고정된 백복륜, 완성된 아름다움 **감탄**   276

에필로그 _ 작지만 위대한, 기적의 식물에게   279

취미와 자산을 동시 짓는 도시농부의 평생 취미·평생 소득 전략

PART

1

부자가 되려면
풍란을 키워라!

밥보다
풍란이 더 좋다?

풍란을 아예 몰랐으면 모를까. 풍란을 한 번이라도 키워 본 사람은 좀처럼 풍란의 매력에서 빠져나오기 힘들다. 나도 그랬고, 다른 사람들도 키우면 키울수록 풍란의 매력에 빠져 밥을 굶더라도 풍란에게는 돈을 쓴다.

풍란은 단순 식물이 아니라 동양에서는 인고의 시간 축적과 그로 인한 부와 길운을 상징하는 귀한 난초로 여겨져 왔다. 도대체 풍란이 뭐길래 그 오랜 세월 사람들의 관심을 받고, 한번 빠지면 수십 년간 헤어 나오지 못하게 하는 걸까? 얼핏 보면 작고 보잘 것 없는 녹색 난초일 뿐인데, 도대체 무엇 때문에 수백만 원, 수천만 원 웃돈을 주고서라도 사고 싶어 하는 사람들이 많은 걸까?

처음에는 무료함을 달래기 위해 풍란을 시작하는 사람들이 많다. 그런데 어느새 풍란이 인생의 큰 비중으로 자리 잡으면 큰돈을 들여 풍란을 사는 사치를 하게 되고, 결국 풍란이 재물이 되거나 부를 가져오는 자산이 되는 것을 경험하게 된다. 풍란이 밥보다 좋은 것은 이처럼 부자가 될 수 있는 가능성이 내포되어 있기 때문이다.

풍란은 어쩌다 국제 1급 멸종 위기종이 되었을까?

풍란은 난초과에 속하는 식물로 주로 동북아시아 지역에서 자생한다. 뿌리가 길고, 잎은 초록색으로 짧고 두꺼우며, 아름다운 꽃과 향기로 유명하다. 꽃은 작은 몸집에 비해 크고 화려하며 순백의 색상으로 피어난다. 향기는 어찌나 달콤한지 한 번 맡으면 정신을 아득하게 만들며, 스트레스를 해소해준다. 매우 얇고 섬세한 느낌을 주는 꽃잎에서 그토록 진한 향기가 나는 것이 지구의 10대 불가사의라고 말하기도 한다.

한국에서도 남부 해안 지역 통영과 완도 등에서 자생하였으며, 뱃사공들은 풍란이 개화했을 때 그 향기가 멀리까지 풍겨 칠흑같이 어둡거나 안개 낀 밤에도 풍란 향기를 맡으며 뱃길을 찾았다고 한다. 그래서 '유능한 뱃사공은 풍란의 향기를 맡을 줄 알아야 한다'는 말이 전해온다. 지금으로 말하면 달인 또는 프로급 뱃사공이었으리라.

척박한 바위 틈에서 자라는 풍란(출처:국립공원공단)

다도해해상국립공원 직원들이 절벽에 매달려 풍란을 찾기 위해 고군분투하는 모습
(출처:국립공원공단)

풍란은 바위나 나무에 붙어서 자라는 착생식물이다. 물과 양분이 없는 나무 위나 절벽 끝, 바위 틈은 식물이 자라기에는 상당히 나쁜 조건이지만 이 극한의 환경을 잘 견뎌내며 꽃을 피워내는 것이 풍란이다.

하지만 애석하게도 지금은 그 많던 풍란이 흔적도 없이 자취를 감추고 말았다. 오죽하면 국제 멸종 위기종 1급으로 지정돼 보호할 정도로 희귀한 존재가 되었다. 대체 어쩌다 이렇게 된 것일까?

예전에 풍란은 기세가 좋은 곳에 지천으로 널렸을 것이다. 그랬던 풍란이 시간이 지나면서 사라진 데는 사람들의 욕심이 한 몫을 했다.

풍란은 여러 이름으로 불린다. 바람이 잘 통하는 곳을 좋아한다 하여 '풍란'이라 불렸는데, 사실은 난초의 그윽한 향기가 바람을 타고 천리를 가고, 만 명의 사람들이 그 향기를 맡고 유혹된다고 하여 붙여진 이름이다. 또한 나무 꼭대기 위나 바위와 절벽 등 사람 손이 닿기 어려운 높고 깨끗한 곳에서 자생한다고 '선초(仙草)'라고도 불렸다. 보잘 것 없는 모습이 꽃이 피거나 기문둔갑 변신을 하면 전혀 색다른 모습으로 변화무쌍하게 돌변하여 '영초(靈草)'라고도 하였다.

다양한 이름으로 불린다는 것은 그만큼 다양한 매력이 있고, 사람들의 관심을 많이 받았다는 의미이다. 실제로 그 옛날 풍란의 인기는 대단했다. 제 아무리 먹을 것이 없어 고생하던 시절에도 사람들은 밥을 먹는 것보다 풍란, 즉 선초를 소장하는 걸 더 좋아했다.

조선시대에도 양반과 시인과 묵객들이 처마 끝에 풍란을 매달아 놓고 운치를 즐겼다는 기록이 있다. 그래서 추녀 헌(軒)자를 써 '헌란(軒蘭)'으로 불리기도 했다. 그러지 않아도 풍류를 즐겼던 선조들이 풍란에 매력에 심취했던 것은 당연해 보인다.

그렇게 풍란을 좋아하다 못해, 가까이에 두고 보고 싶어 하는 사람들이 많아지면서 풍란의 위기는 시작된다. 너도 나도 풍란을 굴취[1]하는 통에 풍란은 빠른 속도로 사라져 갔다. 가파른 절벽 위까지 목숨을 걸고 올라가 굴취를 하니 제 아무리 '불사초'라 불리는 강한 풍란이라도 살아남기가 힘들었다.

조선시대부터 횡행했던 풍란 굴취는 1970년대까지도 계속 이어졌다. 우리나라에서 불법 채취꾼들의 손을 가장 많이 탄 희귀식물 중 하나로 풍란이 손꼽힐 정도로 무분별한 굴취는 끝나지 않았다. 그 결과 1970년대까지만 해도 남해안의 여러 섬에서 볼 수 있었던 풍란을 더 이상 볼 수 없는 지경에 이르렀다. 점점 자생지도 줄고 풍란 개체 수도 현저하게 줄었다.

이런 풍란을 보호하기 위해 우리나라에서는 1998년 멸종 위기 야생동식물, 2005년 멸종 위기 야생동식물 1급을 거쳐 2012년부터는 멸종 위기 야생식물

---

[1] 뿌리를 캐내는 행위

1급으로 지정했다. 멸종 위기 야생식물 1급은 특히 더 엄격하게 보호해야 할 식물들로 자연에서 함부로 채취하거나 훼손해서는 안 되며, 유통도 엄격하게 금지된다.

국가 차원에서 보호한 덕분에 풍란은 가까스로 생존할 수 있었다. 다행히 야생에서 자취를 감췄던 풍란의 자생지가 발견되기 시작했다. 멸종 위기 야생식물로 지정된 이후 풍란 군락지를 제일 처음 발견한 것은 2011년이다. 다도해해상공원 안에 있는 일부 지역에서 15개체가 모여 사는 군락지를 확인했다.

2013년 5월에는 한려해상국립공원 도서 지역의 절벽에서 자생하고 있는 풍란을 발견했다. 무려 10개체군 80여 개체의 풍란이 자라고 있음을 확인한 것이다. 2019년에는 제주 성산일출봉에서 약 40개체의 풍란이 자생하고 있음이 확인되었고, 모두 건강한 것으로 알려졌다.

2021년에는 다도해해상공원의 또 다른 도서 벽지에서 약 25개체의 풍란이 자생하는 것을 발견했다. 사람이 접근하기 어려운 곳이어서 드론이 없었다면 쉽게 발견하기 어려웠을 것이다.

그런데 드론으로 어렵사리 발견된 풍란이 자생하고 있는 지역의 공통점

다도해해상국립공원 서부사무소 직원이 드론을 활용하여 풍란을 모니터링해서 2021년에 발견한 풍란 신규 자생지(출처:국립공원공단)

국가 차원에서 멸종 위기 야생식물 1급인 풍란을 보호하기 위해 거제도 일원에 자생종인 풍란복원 사업을 했다.(출처:국립공원공단)

을 보니 아무 나무 위나 바위 위에서 살아남는 게 아니라 바람(風)과 기(氣)가 순환하는 곳에서만 생존해 있었으며, 특히 동쪽 방향에 양기가 모이는 곳에서만 생존하여 증식 보존되었다.

생존을 위해 인간의 손길을 피해간 풍란은 그 와중에도 바람과 기가 순환하며 양기가 흐르는 풍수 좋은 곳에 자리를 딱 잡고 있었던 것이다. 왜 예로부터 풍란이 많이 나는 곳은 풍수가 좋다고 하였고, 그곳에 반드시 좋은 기가 흘러 사업과 재물운을 높여준다고 하였는지 그리고 왜 풍란을 군자의 꽃으로 여겼는지 납득이 되는 부분이다.

이처럼 우리나라에서는 풍란을 보호하기 위해 자생지를 찾고 풍란을 복원하는 사업을 하고 있다. 일본도 풍란을 멸종 위기종으로 지정해 보호하고 있고, 국제적으로도 보호 종으로 분류해 풍란이 자연에서 건강하게 살 수 있도록 노력하는 중이다.

일본이 밥보다 사랑한 '다도(茶道)'와 '부귀란'

일본의 문화를 생각할 때 제일 먼저 떠오르는 광경은 조그마한 찻잔에 차를 우려내서 음미하면서 마시는 모습이다. 그리고 차를 마시는 공간에는 대부분 예쁜 원예 식물들이 있다. 오랫동안 일본이 사랑했던 원예 식물은 난초, 그 중에서도 특히 '부귀란'이다. '다도(茶道)'와 '풍란(부귀란) 키우기'는 일본 문화의 정점인데, 이러한 문화가 발전한 데는 아이러니하게도 오랜 전쟁과 살육으로

전설처럼 내려오는 풍란 히스토리

많은 사람들이 풍란(부귀란)에 열광하는 이유는 풍란이 갖고 있는 기적과도 같은 스토리가 있기 때문이다. 풍란이 인간에게 와서 500년이란 긴 세월 동안 보여준 모습은 참으로 경이롭다.

풍란이 처음부터 바위나 나무에 붙어살았던 것은 아니다. 그들도 다른 식물이나 평범한 일반 난초처럼 나무 밑 그늘이나 양분을 쉽게 얻을 수 있는 편평한 땅 위에서 편안하게 살고 싶었을 것이다. 하지만 그들을 먹어 치우는 토끼와 거북이들을 피해 살아남기 위해 아주 길고 긴 시간을 두고 넝쿨도 아닌 것이 나무를 타기 시작했으며, 동물들이 올 수 없는 바위나 절벽 끝으로 삶의 터전을 옮겨갔다.

그뿐만이 아니다. 자신들의 매력이 너무 커서 시련이 크다는 사실을 깨닫고 위장하기 시작했다. 나무 꼭대기로 옮겨가 나뭇잎으로 위장하는 모습으로 기문둔갑하여 천적으로부터 자신을 보호하며 억척스럽게 살아남아 진화하였다.

그래도 때가 되면 매혹적인 꽃향기를 발산하여 벌과 나비를 불러 모은 후 무지의 억척이가 돌연변이하여 아름다운 백복륜으로 진화해 세상 사람들의 찬사를 받곤 했다. 소위 말해 개천에서 용이 되는 기적을 보여주는 것이다. 절박하고 척박한 바위 끝이나 나무 위에서 진화해 사람들을 매혹시키며 희열을 주는 그 스토리만으로도 우리는 무한의 상상력과 감동을 선물 받게 된다.

풍란에 아름다운 무늬가 들어가고 그것이 고정화되어 일본 부귀란 명감에 올라간

얼룩진 역사가 있다.

　　일본은 15세기 중반부터 17세기 초까지, 전국의 수많은 가문이 지배권을 놓고 서로 치열하게 싸웠다. 이 시대를 센고쿠 시대(전국 시대)라고 부른다. 전국 시대는 사무라이들이 눈만 마주쳐도 살육을 일삼던 무자비한 시대였다. 수백 년 동안 잔인한 세월을 버틴 사람들은 정신이 온전할 수가 없었다. 도요토미 히데요시가 전국을 통일한 후에도 무사간의 살육은 계속되었다. 깨어있는 시

것을 '부귀란'이라고 한다. 부귀란의 시초는 수백 년 전으로 올라간다. 우연히 나무에서 떨어진 난초가 전쟁으로 인해 말을 타고 피신하던 상급 무사의 눈에 띄게 된다. 난초를 줍기 위해 몸을 기울이던 찰나 적군이 쏜 화살이 빗겨나가 목숨을 건진 무사는 그 난초를 집으로 데려가 돌보미를 자처하며 애지중지 키우게 된다.

　　그때부터 풍란은 나무에 착생하여 고된 삶을 이어가던 방식에서 인간의 보호와 관리를 받으며 인간과 함께 살아가는 반려 난초로 삶의 방식을 전환하게 되었다. 삶의 터전을 땅에서 나무 꼭대기나 절벽 위로 옮겼다가 다시 인간의 품으로 옮긴 것이다.

　　나는 20년이나 부귀란을 키웠지만 아직도 생각하면 생각할수록 풍란이 신통방통하게 느껴진다. 얼핏 보면 사람이 풍란을 집으로 들인 것 같지만 어쩌면 풍란은 살아남기 위해 절박한 심정으로 절벽 위로 올라간 것이고, 그곳에서도 포기하지 않고 진화와 발전을 거듭하여 인간을 유혹해 인간의 삶 속으로 들어와 더 안전한 삶의 터전을 마련한 것이 아닐까. 어쩌면 높은 지능을 갖고 있어 사람들로 하여금 풍란을 잘 돌보면서 추앙하게 만든다는 생각을 떨쳐버릴 수가 없다.

　　풍란의 역사와 배경을 따라가다 보면 풍란이 매우 미스터리한 면을 갖고 있다는 것을 발견하게 된다. 그리고 이 미스터리가 많은 지식인들의 호기심과 궁금증을 불러일으켰고 동경하게 만들고 있다.

간 동안은 살기가 돌아 눈만 마주치면 서로 죽이고, 독살하고, 이지메(괴롭힘)를 하는 통에 그 누구도 믿을 수 없는 지경에 이르렀다.

길고 긴 전쟁으로 인해 광인이 되어버린 사람들의 정신을 안정시키고 심적으로 평온을 위한 것이 필요했다. 그래서 도요토미 히데요시는 그의 차 선생 센리큐에게 조언을 구했고, 그는 '다도(茶道)'를 권했다. 그때부터 본격적으로 일본 다도는 차를 마시는 행위를 높은 수준의 생활예술로 승화시켜 왔다. 다도는 점차 일본 문화의 핵심이 녹아들게 되면서 '미의 종교'로 일컬어지게 된다.

다도가 미의 종교로 추앙받는 데는 조선의 막사발과 '부귀란'의 공이 컸다. 도요토미 히데요시가 장수들과 귀족들이 함께 차를 돌려 마시며 수준 높은 이야기를 하는 다도 문화에 공을 들이면서 우리나라(조선)는 엄청난 시련을 겪어야 했다. 지배층을 중심으로 다도가 유행하자 그들은 원하는 다완[2]을 얻기 위해 혈안이 됐다. 일본 다도 형식을 완성한 센리큐(1522~1595)는 1588년 다회에서 깨진 쓰쓰이쓰쓰(筒井筒) 이도다완을 수리해서 도요토미 히데요시에게 바치기도 했다.

쓰쓰이쓰쓰 이도다완은 비파색을 기본 바탕으로 두꺼운 기벽, 은은한 물레 자국이 있는 중후한 느낌의 찻잔인데, 사실 이 찻잔은 조선에서는 개밥그릇으로 쓰던 막사발이었다. 그 사실을 모르는 도요토미 히데요시는 천하제일의 찻사발이라 극찬하며 아꼈다. 현재 일본의 국보 26호로 지정되었고, 오사카 성과도 바꾸지 않는다고 할 정도의 가치(약 200억 원)를 인정받고 있다.

조선의 막사발을 너무나도 아낀 도요토미 히데요시는 급기야 조선의 도공을 잡아오라는 명령을 내린다. 1592년 일본은 임진왜란을 일으킨 후 한국의 수많은 도공들을 잡아갔다. 무려 7년이나 전쟁이 지속되는 동안 조선의 백성 1/3이 참담하게 도륙 당했지만 당시 일본의 귀족들 사이에서는 '도자기 전쟁'으

---

2 차를 마시는 데 쓰는 그릇. 차를 담는 도자기

로 불릴 만큼 조선의 도공을 잡아오거나 조선에서 약탈한 도자기에 대한 관심이 컸을 뿐이다.

도요토미 히데요시의 명령을 받은 일본의 장수와 사무라이들은 조선의 도공을 잡아가거나 조선의 찻사발을 방방곡곡 집집마다 뒤져서 깨진 조각까지 모두 갖다 바쳤다. 그 대가로 도요토미 히데요시는 부귀란을 하사했다.

크고 작은 전쟁에서 승리할 때도 마찬가지였다. 예전에는 큰 공을 세우거나 전쟁에서 승리한 사무라이에게 땅, 술, 여자를 하사했는데, 이때부터 도요

풍란과 부귀란의 차이

풍란과 부귀란이 차이가 무엇인지 혼란스러워 하는 분들이 있다. 풍란을 두고 이 두 용어가 혼재돼 사용되고 있기 때문에 헷갈리는 것이 당연하다.

풍란은 학명(Neofinetia falcata)으로 한국, 일본, 중국 등 동아시아 지역에서 자생하는 난초이다. 상대적으로 작은 크기의 난초로 잎은 두껍고 길며 흰 꽃을 피우는 착생란이다.

그렇다면 부귀란은? 부귀란은 사실 '풍란'의 특정 변종(품종)을 표시하는 일본식 명칭이다. 즉 부귀란은 풍란 중에서도 잎, 꽃, 뿌리 등 무늬와 색 등에 돌연변이가 있는 것을 수용하여 독특한 품종이 고정되어 '부귀란 명감'이라는 족보에 올려진 가치 있는 특별한 품종을 의미한다.

부귀란은 풍란과 기본적으로 같은 종이지만, 엽형(잎의 모양), 뿌리 색, 화색(꽃 색깔) 등의 변이가 있다. 일본에서는 '후우키란(富貴蘭)'이라고 하며, 한국에서는 '부자 되는 귀한 난초(부귀란)'라 부른다. 귀한 품종은 다소 높은 가격에 거래되고 있다.

결론적으로 풍란이 기본적으로 한국, 일본, 중국에 자생하는 특별한 착생난초라면 부귀란은 풍란 중에서도 특별한 돌연변이가 나와 고정되어 특수한 예를 지녀 대중적인 이름을 얻은 난초이다. 즉, 부귀란은 풍란의 한 갈래이고, 이 풍란 중에서도 특별한 것이 바로 '부귀란'이라 이해하면 된다.

토미 히데요시가 애지중지 키우던 부귀란을 나눠준 것이다. 부귀란은 단순한 난초가 아니라 로얄 패밀리(도요토미 히데요시, 도쿠가와 이에야스 등)의 일원이 되었음을 증명하는 부와 명예의 상징이었다.

1603년 도요토미 히데요시가 죽고 도쿠가와 이에야쓰가 권력을 잡으면서 다도 문화는 더욱 발전했다. 특히 다도 문화와 맥을 같이 했던 부귀란은 다도의 미적 감각과 조화를 이루는 데 중요한 역할을 했다.

일본의 부귀란은 그 아름다움과 향기로 인해 많은 귀족들에게 사랑받는 시대의 명품이 되었으며, 다양한 종류의 부귀란이 출현하기 시작했다. 각각의 품종은 독특한 생김과 변화 그리고 특징을 갖고 있어 이야기꽃이 저물지 않았다고 한다.

부귀란은 16세기 중후반 일본에서 새롭게 떠오른 지배계층인 일본 무사들의 절대적 사랑을 받았다. 그들에게 부귀란은 생과 사가 오가는 찰나의 긴장과 전력투구의 흥분을 풀어주고 진정시켜주는 진정제였다.

일본의 부귀란은 삼육의 역사와 고립된 섬나라의 특별한 문화적인 가치 때문에 많은 사람들로부터 점점 더 많은 관심을 받게 되었다. 당시 이도다완(조선의 막사발) 역시 인기가 많고 고가였는데, 부귀란의 가격이 이도다완보다도 비쌌다는 것만 봐도 부귀란의 가치와 인기를 짐작할 수 있다.

부귀란은 성주의 인정을 받아 하사받는 큰 명예이기도 했지만 그것이 없는 사람에게는 질투의 대상이 되기도 했다. 품종이 귀하고 수량이 없는 부귀란은 드러내지 않고 쉬쉬 하며 키웠고, 로얄 패밀리가 아닌 일반인이 부귀란을 재배하고 감상하는 것은 장수와 귀족을 모욕하는 것이라 하여 목을 베기도 했다.

이처럼 일본에서 부귀란은 부와 명예를 상징하는 특별한 난초이다. 부귀란 문화가 본격적으로 꽃피운 것은 16세기이지만 일본이 부귀란을 특별하게 여기고 키운 역사는 이미 천 년이 넘는다.

족보가 있는 명품 풍란, 부귀란

모든 일에는 항상 명과 암이 존재한다. 일본 무사들과 귀족들의 마음을 사로잡은 부귀란은 풍란 중에서 원예성이 있는 풍란(돌연변이하여 고정된 개체)이다. 돌연변이가 생겨 고정되는 것은 쉬운 일이 아니어서 사람들은 다양한 종류의 돌연변이 부귀란이 태어날 때마다 잔치를 벌려 축하를 받기도 하였다.

부귀란의 인기가 수백 년간 이어지자 자연스럽게 사람의 욕망을 이용하여 품종을 속이거나 전설과 전통을 거짓말하거나 혈통을 사기 치는 사람이 생겼다. 그러면서 아름다운 풍란 문화와 신용을 둘러싼 잡음이 생기기 시작했고, 이를 잠재우고 바로잡고자 난초들의 이름과 출신, 혈통 등을 정리하여 족보를 만들기 시작했는데, 그것이 바로 '부귀란 명감'이다.

명품은 영원하다

1939년(쇼와 15년) 난초를 즐기는 귀족들을 중심으로 '일본부귀란협회'가 창립

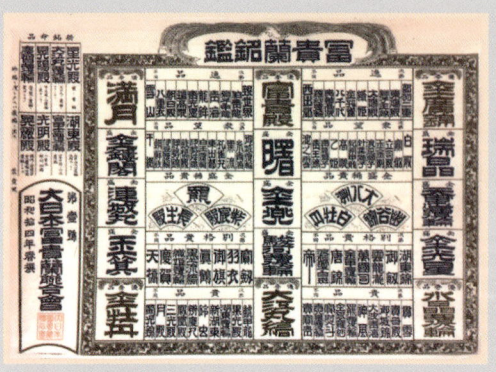
1939년에 창립된 일본부귀란협회가 발표한 부귀란 명감 1호

부귀란 계의 최고 품종인 비(羆). 그 원종을 구해 잘 키우고 있다.

되었다. 그들은 그 동안 인기가 높고, 열렬한 사랑을 받았던 부귀란을 집대성하여 109 품종의 명품을 등록한 제1호 명감을 발표하게 된다.

2025년이 된 오늘날 1939년에 발표된 부귀란 명감을 보니 참으로 감회가 새롭다. 수백 년 된 부귀란을 정리해 1939년에 발표한 것인데, 86년이 지나 거의 100년이 가까워지는 지금도 명품 난초는 큰 변화가 없기 때문이다.

명감에 올라와 있는 난초들 중 굵고 큰 글씨로 기재된 부귀란의 품종들이 사실은 명품 중에서도 초 명품이다. 부귀란 명감 1호를 보면 만월(萬月), 부귀전(富貴殿), 금모단(金牡丹), 비(羆), 대강환호(大江丸鎬), 백모단(白牡丹) 등이 큰 글씨로 기재되었는데, 이 난초들은 여전히 아직까지 많은 애란인들이 즐기고, 종자를 구하려고 노력하고 있다. 지금 보아도 갖고 싶고, 키우고 싶은 이 난초들을 일본은 86년 전에 명감을 만들어 발표하고 계승해왔다니 놀라울 뿐이다. 게다가 그 어지럽던 시대에도 이 난초들이 수백 년간 혈통을 유지하고 귀족들 사이에 키워져 전해져 내려왔음에 전율을 느끼게 된다.

솔직히 고서에 발견된 난초의 이름들 하나하나가 반갑고 정겹다. 명품은 예나 지금이나 좋은 것이구나. 어느 한 시대 인기가 높아지고 떨어지기를 반복하지만 결국 긴 시간으로 보면 한 번 명품은 영원한 명품이라는 사실을, 그리고 그것을 대하는 인간의 마음과 행동은 동서고금을 막론하고 똑같다는 것을 깨닫게 된다.

명품이란 물질의 최고 작품을 말한다. 인간의 창작력과 기술력 그리고 예술력을 최고조로 끌어올려 만들어진 물질이나 상품을 우리는 명품이라고 한다. 이렇게 명품이라 불리는 물질에는 인간의 정신과 열정, 혼이 담기게 된다. 혼이 담긴 명품이 수백 년을 간다는 것을 부귀란 명감이 증명해주고 있다.

100년 가까이 매년 빠짐없이 발표된 부귀란 명감

일본부귀란협회는 1939년 처음으로 명감을 발표한 이후 2025년까지 단 한해도 빠트리지 않고 부귀란 명감을 발표하고 있다. 매년 난초의 인기도와 새롭게 돌연변이 되어 출현한 신품종을 알려주는 명감 덕분에 애란인들은 새로운 난초의 이름도 접하고, 무엇보다 그 해에 어떤 난초가 인기 있는 명품인지를 알 수 있다. 한마디로 명품들의 인기도 서열과 새롭게 명감에 올라온 난초 등의 절대 가치의 정보를 제공해주는 것이 부귀란 명감이다.

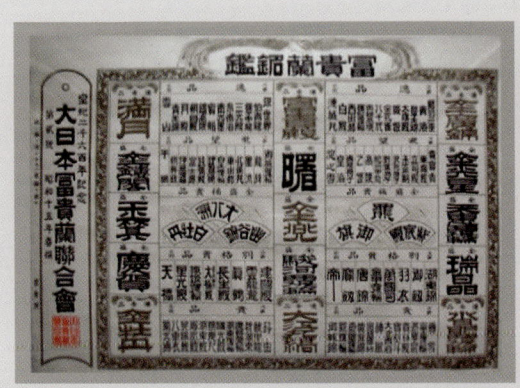
1940년에 일본부귀란협회가 발표한 부귀란 명감 2호

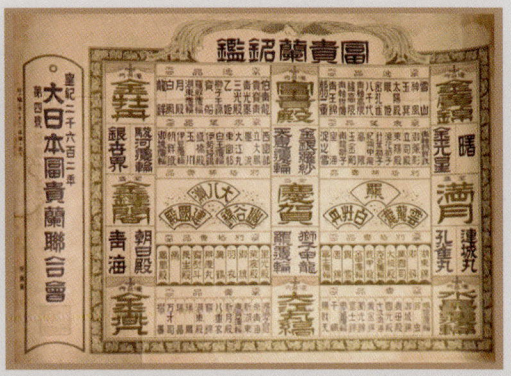
1942년 쇼와 17년 제4호 명감. 119 품종 등록

한국부귀란협회
창립식(2024년 6월)

　　일본부귀란협회는 매년 난초 시세나 거래량 등을 종합적으로 살펴서 부귀란의 인기도를 측정한다. 1945년 8월 6일 원자폭탄이 일본 히로시마에 떨어져 쑥대밭이 되었을 때도 부귀란 명감은 발행되었다. 당시 대부분의 일본 전통 문화는 맥이 끊어졌다고 해도 과언이 아니다. 이후 한참이 지나 끊겨진 전통 문화를 복원하는 데 매우 어려움을 겪었다고 하는데, 부귀란 만큼은 공백 없이 전통을 이어나갔다고 한다. 2011년 거대한 쓰나미가 일본을 덮쳤을 때도 부귀란 명감은 어김없이 발행되었다.

　　이처럼 어떤 상황에서도, 심지어 천재지변에 가까운 상황이 일어나도 부귀란의 가치와 전통을 지키려고 노력한 결과, 지금은 한국을 통해 전 세계적으로 이 부귀란을 얻고자 하는 사람들이 늘어나고 있다.

　　시간이 흘러도 가치가 변하지 않는 명품 부귀란. 인공지능과 로봇 등 최첨단 기술이 지배하는 지금도 천년 된 부귀란이 전통과 신뢰의 비즈니스가 되며,

신용 산업의 이정표로 발전해가는 것은 매우 의미가 있는 것이다.

이 모든 공로는 일본부귀란협회에 있다고 해도 과언이 아니다. 그래서 한국에서도 부귀란 명감에 이어 K-풍란을 전 세계로 전파할 '한국부귀란협회'가 2024년 6월 설립되었다.

부귀란 명감을 보는 방법

부귀란 명감은 일본 스모 선수 순위표를 참고해서 만든 것으로 알려져 있다. 1939년에 처음 시작해 매년 조금씩 모습이 변해 지금과 같은 모습으로 정착했다.

부귀란 명감은 인기도와 번식 정도에 따라 부귀란 순위를 매긴다. 일반적으로 글자 크기가 클수록 인기가 많고 가치가 큰 부귀란이라 생각하면 무리가 없다.

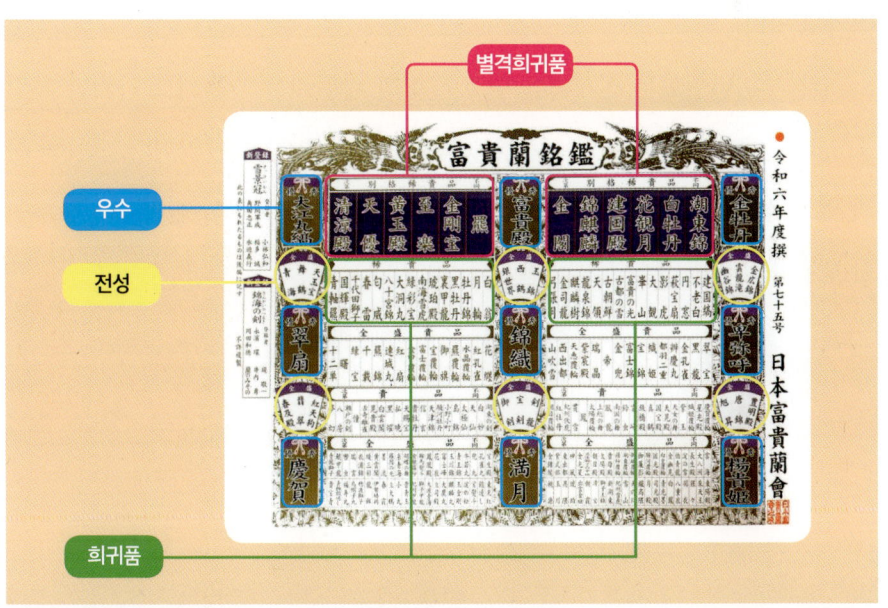

한국부귀란협회가 만들어진 2024년도 부귀란 명감

PART 1. 부자가 되려면 풍란을 키워라!

우선 중앙과 양쪽으로 있는 3개의 기둥, 즉 우수(優秀)와 전성(全盛)이라고 표시된 품종은 부귀란을 대표하는 품종이다. 누군가 부귀란을 처음 키워보고 싶어 한다면 강추할 수 있는 품종들이다.

명감 가장 상단의 청록색으로 표시된 부분은 '별격희귀품'이라고 하는데, 말 그대로 격이 다른 품종이라 할 수 있다. 별격희귀품은 인기도, 대표성, 희소성 중 희소성에 중점을 두고 선발한 것으로 2천여 품종 중에서 오직 12개 품종만이 선정된다. 어디 가서 구경하기도 힘들지만 인기도 많아서 구해서 키우기도 매우 힘들어 누구나 한 촉 쯤은 키우고 싶은 꿈의 난초로 불린다.

별격희귀품 밑에 있는 '희귀품'은 매년 변동이 가장 큰 곳이다. 맨 아래 전성품은 순서가 별 의미가 없다. '이런 품종들이 있구나' 알아두는 정도로 충분하며, 다양한 부귀란을 키우고 싶을 때 한 품종씩 컬렉션하면 된다.

다른 품종들의 경우는 우선순위가 가운데→오른쪽→왼쪽 순이다. 예를 들어 우수 품종은 가운데 부귀전이 1등, 오른쪽 금모단이 2등, 왼쪽 대강환호가 3등이 된다. 이 굵은 글씨로 표기된 난초들이 수백 년 간 인기와 명맥을 이어가고 있다.

일본부귀란협회는 전시회를 열고 달력과 팜플릿을 만들기도 하지만 가장 중요하게 여기는 것은 매년 신품종 등록과 명감을 발행하는 일이다. 그들의 끈기 있고 집요한 노력 덕분에 부귀란을 사랑하는 애호가들이 현시대에도 부귀란 명감을 나침반 삼아 부귀란을 즐길 수 있다.

풍란은 돌연변이를 통해
명품으로 자란다

돌연변이는 생물체의 유전물질에 발생하는 변화를 의미한다. 생명체의 DNA는 생물의 유전정보를 담고 있다. 수 세대에 걸쳐 대를 이어가는 것이 유전의 기본적인 특징인데, 생물체의 유전정보에 어느 날 갑자기 돌연히 변화하는 현상이 나타나는 것을 '돌연변이'라고 한다.

돌연변이는 자연계에서는 매우 드물게 발생하는데, 그 원인은 다양하다. 예를 들어, 햇빛이나 약물, 방사선 혹은 급격한 새로운 환경 변화, 다른 종과의 교잡이나 교배 등이 원인이 될 수 있다. 또는 그냥 음식이나 양분의 변화로 변이 세포가 축적되어 가다가 말 그대로 어느 날 갑자기 툭! 돌연히 변해 버리는 놀라운 현상이기도 하다.

이러한 변화는 생물체에게 좋은 영향을 줄 수도, 나쁜 영향을 줄 수도 있다. 만약 그 변화가 생물체가 더 잘 살아남을 수 있게 도와준다면, 그 변화는 진화라는 이름으로 그 종이 더 많이 전파될 가능성이 높아진다. 반대로 생물체에게 해로운 영향을 준다면 그 변화는 그 종이 멸종되도록 유도할 가능성이 커진다.

　일반인들은 살아가면서 돌연변이를 접하거나 경험할 기회가 별로 없다. 그런데 풍란을 키우다 보면 돌연변이가 일어나는 경이로운 경험을 자주 하게 된다. 그 놀라움 때문에 어쩌면 세상의 역경을 이겨내는 인내와 끈기를 배우게 되고, 사람도 경제적으로 돌연 변이하여 부자가 될 수 있다는 희망을 품게 되는 것인지도 모르겠다.

　이 돌연변이는 부귀란의 형태와 색상, 크기 등 인간이 상상하기 어려울 정도로 새로운 것을 만들어 낸다. 예를 들어 부귀란의 잎이 더 작아지고 화려해지거나 잎의 모양과 색감이 변한다거나 꽃과 뿌리의 색상이 다르게 나타날 수 있다.

　사실 부귀란을 키우다 보면 이건 단순한 재배의 매력이 아니라 자주 반복되는 돌연변이 출몰에 자신이 마치 마법사가 된 듯한 착각을 하게 될 정도로 기쁨과 놀라움을 선물 받게 된다. 그 변화를 기대하며 난초를 컬렉션해가는 것이 난초를 키우는 진정한 기쁨이다.

부귀란 진화의 비밀

부귀란은 독특한 아름다움을 가지고 있을 뿐만 아니라 다른 식물에게선 보기 힘든 별난 특성을 가지고 있다. 우선 번식속도가 엄청 느리다. 거의 모든 식물들이 온갖 기상천외한 방법을 동원해 왕성한 성장과 번식력 경쟁을 하지만, 부귀란은 마치 성장과 번식을 꺼리는 것처럼 보인다.

　뿌리가 그렇다. 부귀란의 뿌리는 일반

젤리처럼 생긴 부귀란의 뿌리. 일반 식물 뿌리에 비해 기능이 10%가 채 안 된다.

완전히 무지였던 난초에서 어느 날 갑자기 노란색의 복륜이 튀어나왔다.

돌연변이로 진화하는 형태는 다양하다. 이렇게 멋지게 변하면 가치는 천정부지로 뛴다.

식물에서는 절대로 볼 수 없는 젤리 형태이다. 본래 식물의 뿌리는 성장하는 데 필요한 영양소를 흡수하는 중요한 역할을 하는데, 젤리 뿌리의 기능은 일반 식물 뿌리의 10%가 채 안 된다. 그러니 성장이 더딜 수밖에 없다.

어디 그뿐인가! 대부분의 식물은 햇빛 에너지를 흡수하는 광합성 작용을 돕는 엽록소를 갖고 있다. 이 엽록소가 많을수록 잘 자라는데, 부귀란은 더 느리게 자라기 위해 엽록소를 포기한다. 그 결과 난초의 잎이 멋지게 변하는 이변이 가끔씩 일어난다.

위의 난초는 처음에는 분명 녹색의 무지였다. 그런데 이듬해 엉뚱한 노란 줄무늬가 나오기 시작했다. 전혀 예상치 않은 방향으로 돌연변이가 일어난 것이다. 색만 변한 것이 아니다. 좀더 시간이 지나자 하얀색 테두리가 잎을 둘러싸기도 한다.

돌연변이는 다양한 형태로 나타난다. 잎에 줄무늬나 점무늬가 생기기도 하고, 두 가지 혹은 여러 색이 섞이기도 한다. 형태도 달라져서 뽀얗고 하얀 흰 눈 같은 잎에 선홍색 피를 뿌려둔 것처럼 홍외(안토시안)가 생기기도 하고, 잎이 마치 레이스처럼 나풀거리거나 칼처럼 뾰족해지는 등 믿기 어려운 재주를 부리기도 한다.

돌연변이에는 어떤 법칙도 없다. 순전히 풍란(부귀란) 마음대로이다.

대체 왜 이런 이변이 일어나는 것일까? 오랫동안 식물학자들도 머리만 갸우뚱거릴 뿐 답을 내놓지 못했다. 수많은 학자들과 원예가들이 달라붙어 연구와 실험을 열심히 했지만 부귀란은 그 비밀을 수세기 동안 감추고 있었다. 20세기에 들어와서야 스스로 진화하기 위해 변이를 한다는 것이 밝혀졌지만 당시로서는 이해할 수 없는 자연의 조화였다.

5천 원짜리 대파청해의 반란

풍란 중 무늬가 없이 온통 녹색뿐인 품종이 있다. 아주 평범하고 화려함이라고는 찾아볼 수 없는 '대파청해'라는 품종이다. 시장에서 한 촉에 5천 원 정도에 거래되는 아주 저렴한 풍란이다.

만약 계속 이 상태라면 대파청해는 누구의 관심도 받지 못하는 평범한 풍란 신세를 면치 못하겠지만 풍란의 매력은 그 누구도 예측할 수 없는 불확실성에 있다. 지금은 온통 녹색 투성이인 지극히 평범한 풍란이지만 언제 어떤 모습으로 변할지 아무도 모른다.

실제로 대파청해는 어느 날 변화를 시작한다. 초록색이었던 잎에 갑자기 흰색 줄무늬가 생긴다. 잎이 온통 녹색인 것을

한 촉에 5천 원 정도 하는 '대파청해'(위)에 흰색 줄무늬가 생기면서 '월파'로 변신했다(아래).

1. 월파에서 진화한 유니크한 럭셔리 명품, 신위지광
2. 대파청해가 월파로, 또 월파에서 설백 중반으로 돌연변이 한 '신위지광'

'무지'라고 하는데, 무지의 대파청해에 하얀색 줄무늬가 생기면 신분이 바뀐다. 이름도 '월파'라고 바뀌는데, 월파가 되면 보통 한 촉 당 가격이 200만 원 정도 한다. 고작 하얀색 줄무늬 하나 생기는 돌연변이가 일어났을 뿐인데, 가격이 30~40배로 폭등하는 놀라운 현상이 나타나는 것이다.

대파청해가 월파로 돌연변이 할 확률은 약 1만분의 1 정도이다. 대파청해 1만 촉이 있다면 그 중 하나가 월파로 돌연변이가 된다는 얘기다.

5천 원짜리 대파청해가 200만 원짜리 월파로 진화하는 것만으로도 놀라운데, 이것이 끝이 아니다. 월파로 고정[3]되고 나면 월파라는 품종은 또 다시 계속 발전을 시도해 더 높은 단계의 돌연변이에 도전한다. 월파가 돌연변이하면 그것이 바로 명품의 끝판왕 '신위지광'이다. 월파가 신위지광으로 진화할 확률 역시 1만분의 1이다.

사진만 보면 신위지광의 아름다움을 온전히 느끼기 어렵겠지만 정말 아름답다. 녹색과 보색이 되는 설백의 하얀색과 자유로운 노란색이 조화를 이룬 잎의 곡선미가 마치 휘몰아치는 파도의 모습을 연상케 한다. 붙음매(잎의 이날층

---

[3] 풍란이 돌연변이를 했다고 그 자식까지 돌연변이 모습이 유지되리란 보장이 없다. 돌연변이 한 풍란이 낳은 자식까지 변화가 유지될 때 '고정'되었다고 말한다.

부분)의 파형과 사파이어 청포도처럼 생긴 청근의 신비로움도 대단하다.

보기만 해도 감탄이 나오는 이 신위지광 가격은 성촉 기준으로 1촉에 5천만 원 정도 한다. 다만 신위지광은 이 세상에 10촉도 채 존재하지 않는다고 한다. 그도 그럴 것이 1만분의 1 확률을 뚫고 대파청해가 월파가 되고, 다시 1만분의 1의 확률을 뚫어야 신위지광이 될 수 있다. 대파청해가 신위지광이 될 확률은 1만 곱하기 1만의 확률이니 1억분의 1이다. 결코 쉽지 않은 여정이지만 신위지광이 되면 5천 원이 5천만 원이 되는 것이니 수익률이 무려 만 배이다.

이런 마법 같은 일이 벌어지기 때문에 애란인들은 부귀란과의 사랑을 멈출 수가 없다. 어떤 특별한 사람만 돌연변이를 경험할 수 있는 것도 아니고, 누구나 풍란이 돌연변이 해 명품이 되는 과정을 지켜볼 수 있기에 풍란, 부귀란과의 여정은 늘 설레고 즐겁고 기쁠 수밖에 없다.

부귀란 마니아들은 하나 같이 이렇게 이야기한다.

"부귀란과 사랑에 빠지면 도저히 헤어날 수 없어요."

한 촉에 1만 원인 '옥금강', 두엽 최고봉 '황관'으로 변신

난초들은 저마다 여러 가지 스토리 품고 있지만 그래도 가장 비싼 난초의 출

녹색만 가득한 1만 원 정도의 옥금강

기적의 시작. 어느 날 뚜렷한 한 줄 백호가 나타났다.

현담은 언제 들어도 경이롭고 관심을 집중시킨다. 두엽류 중 최고로 칭송을 받는 '황관'의 이야기가 그렇다.

첫 출발은 역시 녹색만 가득한 '옥금강'이었다. 옥금강은 출현한지 오래된 고전품이고 실생[4]이 되기 때문에 가격이 많이 하락하여 한 촉 당 1만 원 선에 거래되는 품종이다. 저렴하고 흔한 옥금강이지만 홀대하지 말고 돌연변이를 할 끼(가능성)가 있어 보이는 난을 잘 살펴서 열심히 배양하다 보면 놀라운 마법이 일어나기 시작한다.

부귀란 명감 상단에 당당히 한자리를 차지하고 있는 옥금강 출신의 금강보. 화려함과 아름다움이 극치를 이룬다.

옥금강은 저렴하지만 변이종과 명품이 많이 나온 옥금강은 가격이 훨씬 비싸다. 옥이야 금이야 키운다고 하여 '옥금강'이란 이름이 붙었다. 잘 키우면 정말로 옥과 금이 보배로 쏟아져 금강을 이룬다고 하여 '금강보물'이라고도 불린다.

어느 날 갑자기 녹색뿐이었던 옥금강 잎에 선명하고 뚜렷한 한 줄 백호가 나타났다면 설렐 준비를 해야 한다. 이는 변화의 출발을 알리는 것이고, 재배자에게 대단한 행운과 기회가 왔음을 암시하기 때문이다.

일단 한 줄 백호가 생긴 것만으로도 1만 원 짜리가 100만 원, 아니 그 이상의 가치로 급등한다. 이제부터 점점 더 진화만 된다면 난초와 함께 주인의 신분은 상승하기 시작한다. 언제가 될지 모르겠지만 평민에서 귀족이 될 수 있는 프로그램이 작동되는 것이다.

이러한 변화는 곧 난초의 천문학적인 수익률의 출발을 알려주는 신호이다.

---

4 인위적으로 수정해 얻은 씨앗으로 난을 키우는 것

물론 진화와 돌연변이가 완성될 때까지 본격적으로 시간과 애정을 투자하며 재배를 잘 해가야 한다. 이제 시작이며 죽을 때까지 명품을 찍어낼 것이니 조급할 것도 없고, 서두를 필요도 없다.

옥금강의 변이는 어떤 형태로 나타날지 아무도 모른다. 무지였던 옥금강에 한 줄의 무늬가 생기면 호라 하는데, 이 무늬가 빗살 모양으로 나타나면 최상의 '금강보'가 된다. 또한 줄무늬가 하얀색의 백호로 나타날 수도 있고, 돌연히 복륜이 태어날 수도 있다.

일단 변종이 생기면 이것을 다시 분촉하여 번식시키면 새 유전자로 고정되어 유지되는 법인데, 여기서도 난초는 자기가 만족할만한 이름을 얻고 인정받을 때까지 자기 하고 싶은 대로 한다. 환경과 바이러스의 영향과 무관하게 또다시 불쑥불쑥 변종을 만들어 내는 것이다.

옥이야 금이야 키우던 옥금강에서 돌연히 복륜이 나오면 두엽류 최고라는 '황관'이 된다. 또한 '백일몽', '백은', '천정'으로 변이할 수도 있다. 이런 종잡을 수 없는 변이 때문에 풍귀란의 인기는 날로 높아지는 중이다.

옥금강이 변이해 명품 황관이 되면 가치는 1억 원으로 뛴다. 1만 원이 1억

무지의 옥금강에서 어느 날 갑자기 복륜이 출현해(왼쪽), 황관으로 진화했다(오른쪽).

원이 되었으니 수익률은 만 배에 달한다. 믿기 어려운 기적 같은 이야기지만 부귀란에서 이러한 기적이 일일이 세기도 어려울 정도로 종종 일어난다.

13년 만에 옥금강에서 백일몽이 탄생하다

옥금강이 변이해 '백일몽'이 된 이야기도 참으로 감동적이다. 2002년 부귀란을 각별히 사랑하는 이시하라 노보루 씨는 일본부귀란협회 회장의 옥금강 루비근 개체를 분양받았다. 당시만 해도 두엽에서 루비근이 나오면 가격이 상당히 비쌌다. 특히 노보루 씨가 분양받은 옥금강은 모촉의 어미에서 진학예의 옥금강이 간혹 나온다고 하여 큰마음 먹고 분양받았다.

일반 옥금강의 50배 이상의 가격에 구매하여 정성껏 키웠지만 몇 년이 지나도록 특별한 변화가 보이지 않자 조바심이 나고, 속았다는 생각이 들기도 했다. 반신반의하면서도 포기하지 않고 꾸준히 키웠는데, 2009년의 봄에 놀라운 기적이 일어났다. 2008년에 나온 새 촉의 천엽에서 굵은 호 두 줄이 확연하게 보였다. 지금까지 속았다고 생각했던 개체에서 보지 못했던 호가 들어간 잎이 한 장 나온 것이다.

노보루 씨는 이 난초를 산 이후 백일동안 빌고 빌었다. 만약 이 난초가 7년 전 상상했던 대로 잘 된다면 꿈을 이루어 줄 것이라 생각해 애초부터 '백일몽'이라는 이름을 붙였었다.

2010년의 봄에는 3개의 잎에 백호가 나와주었다. 편호지만 너무나도 선명한 설백호였는데, 지금껏 보지 못한 무늬여서 노보루 씨는 '굉장해'라고 자화자찬하기까지 했다. 2010년 7월에는 4잎장째 백호가 나왔는데, 지금까지 나왔던 편호가 아니고 복륜으로 진화한 형태였다.

2012년이 되어서 무지의 자촉들이 더 나왔는데, 다행히도 다른 한쪽은 밝은 무늬가 있었다. 연말 무렵에는 완벽한 복륜으로 진화했다. 옥금강을 구매한

지 10년이 된 해의 일이다.

  구입한지 13년 되는 2015년에 옥금강은 완전히 유니크한 난초로 변신했다. 옥이야 금이야 키웠더니 진정한 '백일몽' 명품으로 변이한 것이다. 가격도 처음 구매했을 때보다 천 배가 올랐다. 수익률이 천 배인 셈이다.

백일몽 탄생 과정

2002년 처음 구입했을 때의 옥금강

2009년 굵은 호 두 줄이 나타났다.

2010년 3개의 잎에 백호가 나왔다.

2012년 무지의 자촉이 더 나왔고, 연말 무렵 완벽한 복륜으로 진화했다.

2015년 13년만에 완전히 유니크한 난초로 변신했다.

2020년 명품 백일몽의 자태

키우는 사람의 정성이 명품을 만든다

돌연변이에서 진화한 돌연변이의 유니크한 난초들은 대부분 개체수가 지구상에 30촉도 되지 않는다. 게다가 제조품처럼 대량생산할 수도 없고, 기계가 관리하기는 더욱 어려워 오롯이 사람이 특별히 시간을 내어 교감하면서 애정을 쏟아 부어야 한다. 일일이 분갈이해주고 TV 드라마의 회장님처럼 난초 잎을 닦아주면서 정성을 기울여야 상상 이상의 고가의 난초가 출몰한다.

흔한 것은 널렸으며 발에 차일 정도로 많다. 그러나 귀한 것은 소중한 만큼 본디 약하다. 그 가치가 특별한 것일수록 민감하고 환경적응이 떨어지고 성장이 더욱 예민하다. 그렇기에 명품일수록 더욱 세심하게 보살펴야 한다.

일반적인 정성으로 명품을 기대해서는 안 된다. 줄 수 있는 한 애정을 듬뿍 주는 것이 때론 고역일 수 있지만 분명한 사실은 부귀란은 받은 만큼 몇 배 이상 더 많이 돌려준다는 것이다.

전국에 수만 개의 화원과 원예점 그리고 다육전문점이 있다. 과연 그들 중 부귀란처럼 1만 배의 수익률을 안겨줄 수 있는 것이 있을까? 식물은 모두 이롭지만 진정으로 이로운 것은 시간과 노력을 공들였을 때의 보상이다. 오래 공들여 키우면 누구나 부자와 귀족을 만들어주는 부귀란이 유일하다고 볼 수 있다. 그 유일함이 500년 역사의 명맥을 이어가고 발전해가는 이유인 것이다.

취미와 자산을 농사짓는 도시농부의 평생 취미·평생 소득 전략

PART

2

젊어서 난 키우면
늙어서 난이 돌본다

치유와 재테크가 하나로!
식테크가 뜬다

식물을 기르는 사람들은 모두가 입을 모아 말한다.

"식물을 기르는 과정에서 오히려 제 자신이 더 많은 위로와 위안을 받을 수 있었어요."

"작은 씨앗에서 시작해서 새싹들이 조금씩 성장하며 커가는 모습을 관찰하는 재미가 있어요."

초록색 잎 자체도 싱그럽기 그지없지만 새로운 신아나 새싹이 나올 때의 반가움은 묘하게 사람을 집중시키며, 지쳐있던 마음을 치유해주는 힘이 있다.

이런 즐거운 식물 키우기가 금전적인 이익까지 가져다준다면 어떨까? 분명 꿩 먹고 알 먹는 격이다. 식물을 기르는 과정에서 즐거움을 느낄 수 있을 뿐만 아니라 부가적인 수익까지 얻을 수 있다면 더더욱 좋을 것이다.

최근에는 실제로 식물을 재배해서 수익을 창출하는 '식테크(식물 농사+재테크)'가 많은 사람들 사이에서 인기를 얻고 있다. 식물 키우기를 취미로 즐기면서 농사와 재테크 개념을 도입하여 식물의 성장에 따라 수익을 창출하고 다양한 품종을 늘리는 것이다. 코로나19 이후 식물을 활용한 재테크인 식테크 산업은 매우 빠르게 성장하고 있으며, 전 세계적으로 모든 연령층에서 인기를 끌고 있다.

하지만 식물 재테크를 제대로, 철저하게 파악하지 않으면 돈을 벌고 성공하기는커녕 큰 손실을 입을 수도 있으니 주의해야 한다. 그래서 나는 사람들에게 '식테크가 성공하기 위한 필수 6가지 조건'을 늘 강조한다.

성공하는 식테크 6계명

보통 식테크라고 하면 식물을 재배해서 판매하는 것을 떠올리기 마련이다. 실제로 이 방식이 가장 보편적인 식테크이기도 하다. 관리를 잘해 싱싱하게 잘 키워낸 식물이나 시중에서 구하기 어려운 희귀식물, 특이하거나 우량한 품종은 찾는 사람들이 많아서 비싼 가격에 팔릴 수 있다.

그러나 식테크를 할 수 있는 방법은 이외에도 다양하다. 경제성 있는 식물을 관리 대행 서비스를 제공하는 것, 소형 스마트팜이나 인큐베이터 같은 설비를 구축하여 값비싼 식물을 관리하거나 치료해 주는 것, 그리고 씨앗을 발아시켜주는 것, 열매를 따서 상품으로 만들어주는 것, 새롭게 분갈이를 하여 보기 좋게 포장해 주는 것, 식물의 수액이나 꽃을 따서 엑기스로 만들거나 원료를 파는 것 등 이 모든 것들이 식테크에 해당된다. 다시 말해 식물을 활용해서 수익을 창출하는 능력이 바로 식테크인 것이다.

꽃과 식물을 좋아하고 재배가 취미인 분들에게는 식테크가 앞으로 다가오는 인공지능 시대에도 좋은 선택이 될 수 있다. 반면 식물을 키우는 과정에서 즐거움을 느낄 수 있지만 수익성이 없다면 그것은 단순한 취미인 것이지 식테크라고 할 수 없다.

가치에 대한 수요와 공급의 원리에 따라 가격이 결정되고 돈이 오고 가는 법이다. 따라서 빠른 승부가 아닌, 평생을 취미로, 업으로 꾸준히 가치를 증식하며 돈을 벌 수 있는 성공하는 식테크를 원한다면 아래 6가지 요소를 충족해야만 한다. 일명 '성공하는 식테크 6계명'이다.

첫째, 조직배양이 되면 안 된다

우선 어디서나 쉽게 구할 수 있는 식물이어서는 안 된다. 한때 많은 인기를 누렸던 식물들이 한순간에 몰락한 이유는 대부분 조직배양이 되었기 때문이다. 어떤 식물이든 조직배양이 되는 순간 희귀성과 종자로서의 가치를 상실한다고 보아도 무방하다.

만약 대중적으로 크게 인기가 있는 식물을 조직배양 기술을 이용하여 대량생산하기 시작한다면 빠르게 손을 떼는 것이 좋다. 명품의 붕괴화가 진행되기 때문이다. 먹는 식물은 조직배양이 되면 좋지만 희소성 싸움을 해야 하는 특수원예, 난테크 등에서 조

어떤 식물이든 조직배양 되는 순간 가치가 떨어진다.

직배양은 가장 치명적인 위협이 될 수 있다.

둘째, 부피가 크면 안 된다

현대인들은 점점 더 심플함을 추구한다. 부피가 큰 식물들은 공간을 많이 차지하고 무겁다. 한때 인기를 끌었던 분재와 관재 그리고 혜란 등의 식물들도 상대적으로 너무 컸기 때문에 몰락의 길을 가고 있다.

아파트에서는 더욱 더 부피가 큰 화초들을 키우기 어렵다. 공간도 많이 필요하고, 무게도 많이 나가

풍란은 한 손으로 들 수 있을 정도로 가볍다.

관리하기 힘들기 때문이다. 컴퓨터가 스마트폰으로 내 손안에 컴퓨터가 된 것처럼 식테크 식물도 한 손 안에 쏘옥 들어와야 하며 가벼워야 한다.

현대인의 식테크는 힘자랑, 공간 자랑이 아니다. 그것은 1차원이다. 이제는 섬세한 무늬와 미모의 경쟁시대가 된 것이다.

셋째, 성장이 느리고, 키우기 어려워야 한다

콩나물처럼 빨리 자라는 식물은 식테크에 부적합하다. 정성을 들여 결실을 맺고, 인내의 보답이 눈에 보여야 한다. 노력 없이도 쉽게 키울 수 있다면 많은 사람이 참여하게 되어 공급과잉 문제가 발생할 수도 있다. 또한 짧은 시간 내에 성장하면 그만큼 생산량이 증가하여 가치가 하락한다.

넷째, 끊임없이 진화해야 한다

단순히 식물이 녹색으로 잘 자라기만 한다면 그 또한 생각해봐야 할 문제이다. 재미가 없다. 사람들은 어려운 가운데 기쁨과 희열을 줄 수 있는 재미난 것에 감동을 받는 존재들이다. 그렇기에 식테크에 적합한 식물은 성장하면서

무지의 녹색 잎에 변화가 시작됐다.
진화하지 않는 것은 가치가 없다.

지속적으로 변화를 추구하는 식물이어야 한다. 작으면서도 아름다운 형태로 성장하며 높은 차원의 변화를 이룰 수 있는 식물이 식테크에 적합하다. 생 무지에서 아름다운 관(복륜)으로 진화해가는 여정이 식물을 재배하는 사람에게 끊임없이 도전의식을 제공해주기 때문이다.

다섯째, 흙에서 키우는 것은 안 된다

대다수의 식물은 토양에서 생존한다. 그러나 흙에 심어진 식물은 국제거래가 불가능하며, 벌레나 미세먼지 및 흙 내부의 세균 등 다양한 문제를 일으킬 수 있다. 그래서 흙 없이도 키울 수 있는 식물이 식테크에 적합하다.

최근에는 흙 없이도 식물을 재배할 수 있는 다양한 기술이 개발되어 있다. 흙 대신 사용할 수 있는 재료로는 수태(마른 이끼), 바크(잘게 찢어진 나무껍질) 등이 있고, 또한 공중에 매달아 키울 수 있는 에어플랜트 방식이나 물에서 재배하는 수경재배 방법으로도 키울 수 있다.

풍란은 흙이 아닌 수태(마른 이끼)에서 잘 자란다.

여섯째, 꽃이 예쁘고, 향기로워야 한다

사람들은 꽃을 좋아한다. 그래서 꽃이 피면 이야깃거리가 많아진다. 거기에 향기까지 좋으면 얼마나 기분이 좋아질까?

과거에는 사람들이 모든 꽃을 좋아하고, 꽃만 피면 좋아했지만 이제는 시대가 달라졌다. 꽃도 예쁜 꽃이 피어야 하며, 좋은 향이 나야만 한다.

모든 꽃이 아름답고 좋은 향을 내는 것은 아니다. 외관상으로는 아름답지만 향이 나지 않는 꽃들도 존재한다. 미모나 향이 없더라도 꽃이 아니라고 할 수 없지만 보기 좋고, 향도 좋은 꽃이 더 높은 가치를 지닌다는 것은 분명하다.

꽃은 보기도 좋고, 향도 좋아야 가치가 높다.

식테크 성공 6계명, 이 6가지 조건을 만족시켜야만 오랫동안 성공할 수 있고, 어느 하나라도 부족하면 언제 어느 때든 시장 경쟁에서 도태될 위험이 있다. 식테크는 단순히 식물을 키우는 것이 아니라 '희소성과 가치'를 함께 생산해 가는 여정임을 반드시 기억해야 한다.

식물계의 비트코인이라 불렸던 몬스테라의 몰락

코로나19가 유행하던 시기에는 몬스테라가 '식물계의 비트코인'이라고 불리며 식테크의 선두주자로 주목받던 때가 있었다. 몬스테라는 물만 있으면 누구나 쉽게 키울 수 있는 관엽 식물로 유명하다.

몬스테라 중에서도 화려한 무늬가 일품인 '몬스테라 알보'는 높은 인기를 얻으며 잎 한 장 당 300~400만 원에 거래되기도 했다. 워낙 대유행이라 인기가 오래갈 것 같았지만 내 눈에는 순식간에 열기가 식을 수밖에 없는 일명 주식시장의 테마주와 비슷하게 보였다.

코로나19 시기에 식물계의 비트코인이라 불리며 식테크의 대표주자처럼 군림했던 '몬스테라 알보'

왜냐하면 앞에서 소개한 식테크 성공 6법칙에 상당 부분 위배되었기 때문이다. 일단 크고 무겁고, 빨리 자라고, 누구나 잘 키울 수 있으니 6법칙 중 4~5개나 맞지 않는다. 결국은 공급 과잉으로 가장 빠른 시간에 폭망한 망테크의 대명사가 되어버리고 말았다.

쿠빌라이 칸이 말하던 '느릴 줄 알아야 빠를 수 있다'라는 명언이 식테크에서도 그대로 통한다. 금융 재테크에서는 가장 빠른 자가 가장 먼저 죽는다는 말이 있다. 아이러니하게도 가장 천천히, 가장 느리게 오래 가려는 자가 가장 높은 수익률과 생명력을 자랑한다. 식테크도 가치투자를 해야 하며, 평생투자의 관점을 지녀야 성공할 수 있다.

몬스테리 알보는 엽록소 부족으로 잎이 하얗게 변한 것이다. 초보 가드너에게는 설백의 깔끔하고 청량한 무늬가 매력적으로 보일 수 있지만 크기가 크고, 많은 흙이 담겨 있어 무겁고 공간을 많이 차지한다.

성공하는 식테크의 6가지 조건 중 식물의 특성 때문에 꽃이 피지 않는 것은 어쩔 수 없다 해도, '크기가 너무 크면 안 된다'와 '흙에서 재배하면 안 된다'는 두 가지 조건에 맞지 않는다. 따라서 일반적인 기준으로 판단해보더라도 더 이상 가치가 지속될 수 없는 제품임이 확실했다.

모든 것은 결국 가치에 수렴하게 되는 것이다. 이전에 잎 한 장 당 300~400만 원이었던 것이 이제는 1~2만 원 대로 하락했다. 가격이 1/100 수준으로 떨어졌어도 아무도 구매하지 않는 처치불능이 되고 말았다.

몬스테라 알보가 주는 교훈은 '식테크란 좋은 말에 홀려 속지 말아야 한다'는 것이다. 식물을 키운다고 무조건 식테크가 아니다. 어쩌면 '묻지마 주식투자'보다 더 무서운 것이 '묻지마 식테크'일 수 있다. 앞으로 식물 관련 산업은 크게 성장할 수밖에 없는데, 묻지마 식테크로 폭망하지 않으려면 성공하는 식테크 6계명을 반드시 기억하기 바란다.

황홀한 탐욕이 만들어낸 최초의 거품 경제 '네덜란드 튤립'

동북아시아의 한중일 전쟁, 즉, 임진왜란이 끝나고 세계적인 호황이 시작되었다. 1609년에 네덜란드 암스테르담에 세계 최초의 증권거래소가 만들어졌고, 금융거래가 시작되면서 누구나 돈을 벌 수 있다는 희망으로 거래량이 폭등하게 되었다.

금융업자들은 경기의 지나친 과열을 막기 위해 은행을 만들어 다른 사업을 펼쳤다. 향신료와 비단, 직물 도자기, 원예 사업 등이 그것이다. 경제 호황기에 새롭게 시작되는 신사업들이 펼쳐지면서 경기는 과열되기 시작했고, 덕분에 엄청나게 불어난 자본은 또 다른 투자대상을 물색하기 시작했다. 이때 많은 사람들이 눈을 돌린 것이 아름다운 튤립이었다.

1600년대 네덜란드에서는 튤립 광풍이 불었다.

무지 단색의 평범한 튤립은 저렴한 가격으로 거래되었지만 다채롭고 다양한 색상의 희귀한 튤립은 무척이나 비쌌다. 그래서 희귀한 튤립의 보유 여부가 부의 척도로 간주되어 부유층들이 앞을 다퉈 희귀종을 찾게 되었다.

부자들은 물론 일반 농부, 탄광에서 일하는 사람들, 심지어는 평범한 회사원들까지 앞 다투어 기꺼이 거래에 뛰어들었다. 경기 과열의 최고 끝자락에서 모두가 튤립에 미쳐가고 있었고, 네덜란드의 국민들은 모두가 마당 한 귀퉁이에서 튤립을 키워 부자가 되는 상상을 했다. 당시 튤립 한 뿌리의 가격은 현재 가치로 약 2만 5천 달러(약 3천 만 원) 수준이었다고 한다. 꽃에 무늬가 있는 변종을 얻기 위해서, 구근 한 개를 사기 위해 사람들은 집과 토지를 저당 잡혔다. 빚과 이자는 튤립이 빨리 자라므로 팔아서 갚으면 된다고 생각하며 올인했다.

붉은 꽃잎에 흰 줄이 생긴 변종 튤립

모두가 달려드니 가격은 끝없이 치솟았다. 새롭게 나온 튤립 한 송이가 마치 왕이 보석처럼 존귀하게 취급되었고, 심지어 집 한 채보다 더 높은 가격에 거래되었다. 줄무늬와 독특한 색상을 자랑하는 화려한 튤립들은 사람들을 매료시켰다. 사람들은 튤립을 꽃이 아닌 새로운 시대, 새로운 투자의 기회로 여겼고, '튤립은 영원히 지지 않습니다'라는 노래가 전국에 퍼져 나갔다.

장터에서는 하루에도 수백 건씩 계약이 있었고, 이제부터 꽃이 아니라 황금과 같은 가치를 가지고 있는 상품으로 인식되었다. 한마디로 '폼이 터진 것'이다.

그러던 어느 날, 한 장터에서 인기 절정이던 '구근'이 팔리지 않았다. 1637년 3월 튤립 구근 가격이 급격한 하락세를 보이기 시작한 것이다. 네덜란드 사람들 모두가 튤립 투자에 참여하면서 더 이상 튤립을 살 사람이 없어졌기 때문이다. 시간이 지날수록 튤립의 가격이 계속 떨어지면서 금보다 귀하던 튤립은 하루아침에 휴지조각으로 전락하게 되었다.

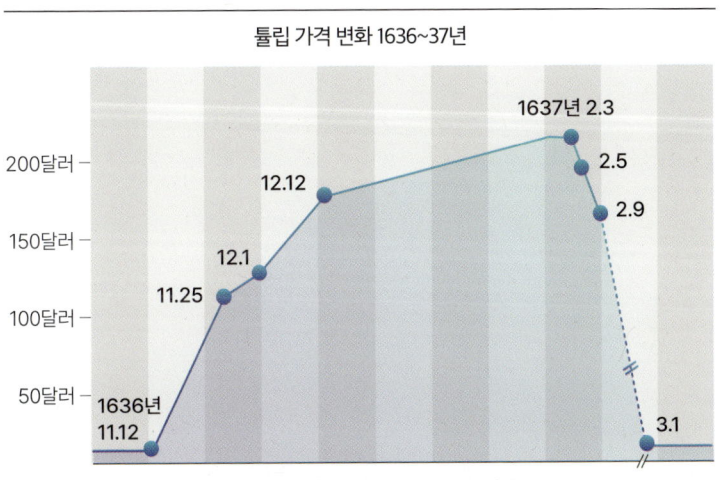

1637년 3월 이후 급격히 하락하기 시작한 튤립 가격

튤립 가격이 폭락한 다른 이유도 있다. 더 이상 신품종(변이종)이 나오지 않았고, 무엇보다 대량 생산과 배양 시스템을 갖춘 '튤립 전문 주식회사'가 생기다 보니 공급이 수요를 초과하게 되었다.

그 결과 가격이 계속 하락하니 사람들은 점점 관심을 잃게 되었고 종국에는 모두가 몰락하게 되었다. 튤립 열풍은 수많은 피해자를 양산하며, 완전히 실패한 사례의 대표주자가 되었다.

튤립 열풍은 '성공하는 식테크 6계명'에 비추어 보면 여러 가지가 맞지 않는다. 조직배양이 되었고, 성장속도가 너무 빠르고, 진화해서 더 이상 변이종이 나오지 않았고, 흙에서 자라는 등 6계명 중 4가지나 위배된다. 그러니 인류 최초의 투기 서품으로 기록되는 것은 당연한 수순이었을 것이다.

식테크의 꼭지점은
바로 '난테크'

성공하는 식테크의 6가지 조건, 이 6계명에 모두 부합하는 식물이 있을까?

있다. 그에 딱 맞는 식물이 존재한다. 바로 '녹색의 보석'이라 불리는 일컬어지는 '난초', 그 중에서도 풍란(부귀란)이 주인공이다.

이미 상당수의 사람들이 아주 오랜 세월 동안 난초를 키워 수익을 얻는 난테크를 즐기고 있었다. 난테크란 쉽게 말해 '난초를 고급화하여 수익을 창출하는 기술'이다. 알다시피 난초는 수만 종이 있지만 모든 난초가 식테크의 대상이 될 수 있는 것은 아니다.

제 아무리 훌륭한 난초라 할지라도 식테크의 6계명을 충족시키지 못한다면 결국 실패할 확률이 높아진다. 즉 6계명을 충족할수록 명품을 키워내고 성공할 가능성이 커진다.

명품은 별다른 노력 없이도 소비자들이 저절로 찾아오게 만드는 신통방통한 능력을 지니고 있다. 특히 난테크에서는 조금이라도 더 희귀하고, 더 아름답고, 더 건강한 난초일수록 소유하고자 하는 욕망을 자연스럽게 끌어낸다.

왜 춘란은 지고, 풍란이 뜰까?

난초는 크게 동양란과 서양란이 있는데, 난테크의 주인공은 대부분 동양란이다. 서양란은 식테크 6계명 중 1법칙인 '조직배양이 되지 말아야 한다'에서 바로 탈락이다. 대부분의 서양난은 거의 모두 쉽게 조직배양이 되기 때문에 가격과 가치가 유지되기 어렵고, 또한 덩치와 부피가 큰 것이 많아 화훼용으로만 사용되지 난테크로 잘 활용되지는 않는다.

동양란 중 한국에서 자라는 난초는 춘란, 한란, 석곡, 풍란 등인데, 이 중에서도 재테크 수단으로 인기가 높은 난초는 춘란과 풍란이다.

춘란은 봄에 꽃이 피는 난초이다. 잎이 좁고 길며, 진한 초록색 선이 예쁘다. 꽃도 참 매력적이고 마치 한복을 입고 있는 것처럼 정갈하고 멋지다. 나도 난초 애호가로서 한국 춘란을 참으로 좋아한다. 한국 춘란은 한국에서는 이미 풍란(부귀란)보다 50~100배쯤 큰 시장을 형성하고 있다. 일본에서도 한국 춘란의 우수성을 인정받아 일본 난초를 밀어내고 품성 좋은 한국 춘란이 일본 춘란 시장에 자리를 잡아가고 있다. 최근에는 중국 진출도 활발하게 진행 중이다.

춘란은 잎이 가늘고 길쭉하고 진한 초록색이다

한국 춘란은 특히 애호가가 많아 전국 시도군마다 동호회가 있으며, 매년 전국적으로 활발히 전시회를 개최한다. 전시회에 출품된 최고의 난초 작품들과 화려하게 핀 꽃을 보면 나도 모르게 빠져들지만 내가 주장하는 식테크의 6가지 기준을 적용하면서 마음을 다잡곤 한다.

춘란은 6가지 조건 중 2가지 조건에 부합하지 않는다. 우선 춘란은 흙에서 키우는 난초이다. 최근엔 다양한 식자재를 혼용해 쓰지만 토양에서 키우는 것이 기본이다.

흙에서 키우는 식물은 앞으로도 국제거래가 어렵다. 게다가 해충이 생기기도 쉬워 좁은 공간에서 농약을 많이 써야 한다. 이는 분명 난초를 키우는 사람이나 환경에도 좋지 않아 아쉬운 한계점인 것은 분명하다.

'꽃이 예쁘고 향기로워야 한다'는 조건과도 맞지 않는다. 춘란은 꽃은 너무도 예쁘지만 대부분의 춘란이 무향종으로 향기가 나지 않는다. 되려 향기가 나는 것은 중국 춘란이라고 배척하기까지 한다.

춘란의 꽃은 예쁘지만 향기가 없다.

앞으로 성공하는 식테크는 인구가 계속 줄어들고, 초고령화 사회에 접어든 국내시장만 생각해서는 안 된다. 중국과 인도, 중동, 태국 등 인구가 많고, 부자가 많은 젊은 나라를 상대로 해야 한다. 그렇기에 성공하는 식테크 6계명에 완벽히 부합하는 식물을 찾아 세계 시장에서 성공할 수 있는 식테크로 품종을 선택해야 하는 것이다.

당장은 한국 춘란이 풍란(부귀란)에 비해 시장도 크고, 명성도 높고 애호가도 하지만 개인적으로는 식테크의 6가지 조건 중 한두 가지 결점이 생기기 때문에 지속적으로 성장하는 데 한계가 있다고 본다.

그렇다면 풍란(부귀란)은 어떨까? 부귀란은 이 6가지 조건 모두를 만족시키고 있다. 한국 춘란과 부귀란 중 어느 것이 더 좋고 나쁘고, 예쁘고 덜 예쁘냐를 이야기하는 것이 아니다. 자본과 공간 그리고 시간과 노력이 필요로 하는 효율성의 시대에 취향은 존중

식테크 6가지 조건에 완벽하게 부합하는 풍란(부귀란)

하지만 장기적으로 성공하는 식테크를 목표로 한다면 부귀란이 훨씬 적합하다는 것이다.

식테크에 있어서 어떤 식물이 당장의 좋고 나쁨보다 냉정하게 생각하여 시대의 흐름에 따라 6가지 조건에 완벽하게 부합할 때 그 취미도 오랫동안 지속될 수 있고, 취미로도 즐기면서 성공하는 단단한 식테크 시스템을 완성할 수 있다.

난테크의 흐름도 이미 풍란 쪽으로 기우는 모양새다. 최근 한국 춘란을 키우다 부귀란으로 넘어오는 사람이 급격히 늘어나고 있다. 그들은 이구동성으로 "부귀란이 훨씬 더 수월하고 편하고 좋다"고 말한다. 춘란인뿐만 아니라 다육인들도 부귀란으로 넘어오고 있다. 시장에서 부귀란이 대세가 되었기 때문이고, 이러한 트렌드는 장기간 지속될 것으로 보인다.

반대로 부귀란을 키우다 한국 춘란으로 가거나 다육이로 간 사람들이 있을까? 단언컨데 그리 많지 않을 것이다. 왜 그럴까? 분명 다른 차원이기 때문

이다. 그것은 논쟁할 필요 없이 직접 키워보거나 직접 경험해보면 즉시 그 해답을 얻을 수 있다.

확실한 수익을 보장해주는 난테크, 부귀란

식테크를 할 때 왜 6가지 조건을 꼭 살펴봐야 하는 것일까? 식물과 난초의 가치관과 재화의 관계 때문에 그렇다. 자신만의 관점에서 자기 돈을 써서 자신이 좋아하는 무언인가를 수집한다는 것은 자신의 자유이다. 그러나 그 결과가 좋든 나쁘든 책임은 본인 스스로 감내해야 한다.

만약 자신이 좋아서 투자한 무언가가 몬스테라 알보처럼 가격이 1/100로 폭락한다면 어떨까? 그때도 좋아서 투자했으니 후회는 없다고 말할 수 있을까?

미적 관점은 유동적이다. 인간의 감정은 순간순간 변한다. 따라서 원칙과 미래지향적인 가치 측정 없이 난초를 구매하면 미적 가치관과 재화적 가치관이 수없이 충돌한다. 주변에서 너무 좋은 가격에 샀다고 말하면 작품이 갑자기 좋아지고, 자기 선택이 현명하다며 만족해한다. 그러나 난초를 '비싸게 샀다, 바가지 썼다'라는 말을 들으면 갑자기 보기 싫어질 수 있다. 미적인 감각과 난초를 보는 안목의 가치관이 확립되지 못하면 그만큼 재화 가치나 주변 사람의 평가에 쉽게 흔들린다.

만약 자신이 투자한 식물이나 난초의 가격이 번번이 폭락한다면 아무리 자기가 좋아하는 기호품이라도 결국엔 충격이 오기 마련이다. 충격이 지속되면 주식투자, 부동산 투자에서 망한 사람처럼 삶이 피폐해질 수밖에 없다.

경제가 무너지면 정신이 무너지고, 결국 육체까지 무너지게 된다. 이것은 매우 중요한 부분이다. 취미로 시작했는데 빠져들다 보니 정신도, 건강도 무너지게 되었다면 차라리 안 하니만 못하다. 그래서 애초에 무너지지 않을 곳으로 발을 잘 들여놓는 게 좋다.

만약 식테크의 첫발이 튤립이었다면? 식테크의 첫발이 몬스테라 알보였다면? 그것도 아니면 식테크의 시작이 너무 빨리 자라는 서양난이나 다육이라면 어떨까. 그 결과는 가보지 않아도 이미 예견되어 있다고 본다.

식테크를 하려면 제대로 해야 한다. 다행히 6가지 조건을 모두 충족한 '부귀란'이 있다. 누구나 키워내기만 하면 부자와 귀족이 되게 해주는 난초라 하여 '부귀란'이라는 이름이 붙었는데, 이 부귀란 난테크를 하면 100세 시대에 은퇴 후 취미와 경제 두 마리를 잡을 수 있다.

정말 부귀란은
조직배양이 안 될까?

식테크 6계명 중 1법칙은 '조직배양이 되면 안 된다'인데 지구상에 상업화된 대부분이 시문은 이미 조직배양에 지배당하고 있다. 부귀란이 식테크의 정점으로 주목을 받게 된 데는 조직배양이 안 된다는 이유가 크다.

부귀란은 정말 조직배양이 안 될까? 잘 알다시피 모든 식테크는 조직배양이 되는 순간 수익과는 멀어진다. 수요에 비해 공급이 너무 많으면 가치가 하락하는 것은 당연한 일이다.

신비롭게도 부귀란은 조직배양이 안 된다. 지금까지 수십 년 동안 정말 많은 사람들이 명품 부귀란을 조직배양하기 위해 노력하였지만 제대로 성공한 적이 없다. 어렵게 조직배양이 되었더라도 난초의 성품이 전혀 다른, 상품성 없는 무지나 무늬가 없어진 병락(柄落)들만 나와 시장성이 전혀 없어 모두 폐기시켜야 했다. 그래서 부귀란 조직배양에 도전한 사람들이 대부분 망하고 가난해졌다.

조직배양이 뭘까?

조직배양이란 말 그대로 식물에서 세포(생장점)를 하나 떼어내어 인공배지[5]에서 배양하여 식물체를 여러 개의 개체로 분화시키면서 폭발적으로 증식시키는 기술이다. 식물세포는 모든 세포로 분화할 수 있는 능력인 전형성능(totipotency)이 있어 충분히 조직배양이 가능하다. 주로 대량 급속증식. 육종에 응용하거나 2차 대사 산물을 생산할 목적으로 이루어지는데, 현대 과학의 발달로 거의 대부분의 식물이 조직배양이 된다고 봐도 과언이 아니다.

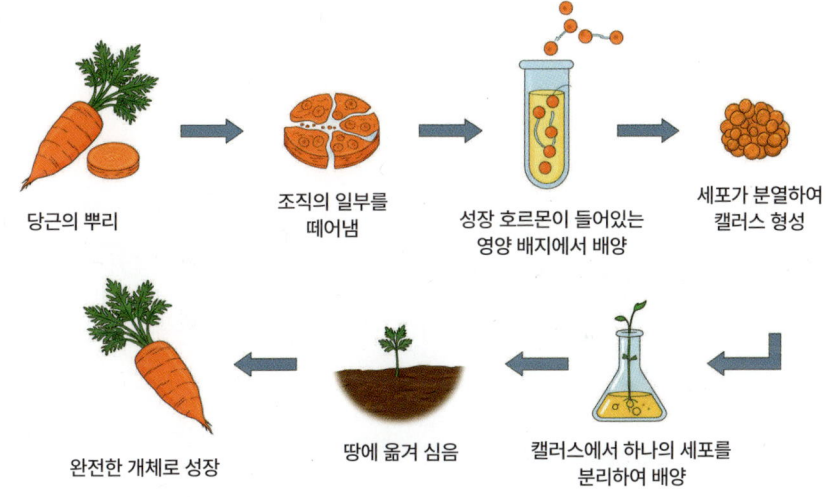

조직배양을 활용한 복제 식물 생산 과정

조직배양의 과정을 살펴보면 우선 식물의 조직 일부를 떼어내 영양배지에서 배양한다. 그러면 세포가 분열하여 캘러스[6]를 형성하는데, 캘러스에서 하나의 세포를 분리해 배양한 다음 땅에 옮겨 심는다. 그러면 원래 식물처럼 완전한 개체로 성장한다.

어떤 식물이든 조직배양에 성공하면 엄청난 개체수를 얼마든지 만들 수

---

5 인공적으로 만들어 생물을 배양하는 데 쓰는 영양물
6 식물 또는 조직의 인공배양에서 얻은 분화하지 않은 세포 덩어리. 적당한 조건에서 배양하면 분열, 증식한다.

있다. 요즘 유럽 쪽에서 육묘로 수입하는 관엽식물이나 화원에서 구매하는 관엽과 절화[7] 종류들은 100% 조직배양을 통해 생산된 식물이라 보면 된다.

유럽, 특히 네덜란드 등의 생산시설과 재배시설은 수조 원대의 세계적인 수준으로 유명하다. 그만큼 조직 배양묘를 대규모 육묘시설에서 훌륭한 품질의 식물로 길러내 초대량 생산하는 것은 어려운 일이 아니다. 몬스테라 알보 및 무늬 바나나, 무늬 알로카시아 시장이 급격히 무너진 것도 다 조직배양 때문이다. 제 아무리 화려하고 향기로운 꽃을 자랑하는 귀한 희귀식물이라도 조직배양이 되면 재화적 가치는 결국 끝났다고 보면 된다.

멋진 무늬를 만드는 키메라 돌연변이의 비밀

조직배양은 모체와 똑같은 개체를 복제하는 과정이다. 그런데 복제를 하는 과정에서 돌연변이가 생기기도 한다. 몬스테라 잎에 하얀색 무늬가 생기거나 풍란에 멋진 무늬가 생기는 것은 사실 돌연변이에 의한 것이다. 이를 '키메라(Chimera) 돌연변이'라고 하는데, 1970년 독일의 빈크라가 식물 잎에 나타나는 무늬를 처음으로 '키메라'라고 불렀다.

조직배양을 하는 과정에서도 키메라 돌연변이가 생길 수 있다. 키메라 돌연변이는 생장점에서 일어난다. 식물의 생장점은 식물의 줄기와 각종 기관을 만들어내는 곳으로 줄기의 맨 끝에 있다. 생장점은 보통 3층(L1, L2, L3)으로 구성되어 있다. 가장 바깥에 있는 L1층은 종으로 분열하며 옆으로만 퍼지는 생장을 하고 대부분 식물에서 표피만 만든다.

---

[7] 식물의 꽃이나 꽃봉오리를 줄기와 잎과 함께 잘라낸 것

L2층은 잎의 바깥 엽육조직[8]을 만들며, 꽃과 과실, 씨가 L2층에서 유래한다. L3층은 잎, 줄기, 뿌리의 중심이 이 층에서 발생한다.

일반적으로 생장점에 일어나는 키메라 돌연변이의 형태는 크게 다음 3종류로 나눌 수 있다.

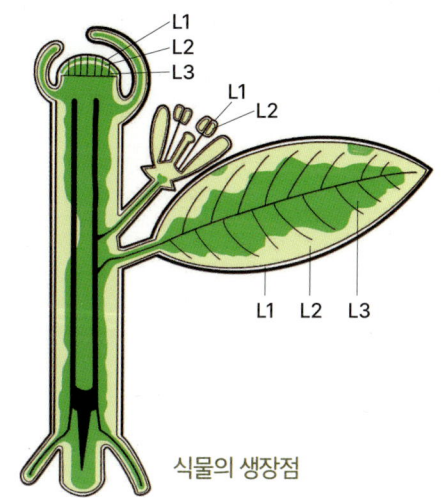

식물의 생장점

① **구분키메라**(sectorial chimera)
② **주연키메라**(periclinal chimera)
③ **부분주연키메라**(mericlinal chimera)

이중 주연키메라는 주로 한 층 전체가 변이로 고정된 상태이다. 그러나 구분키메라와 부분주연키메라는 불안정한 상태로 그 형태로 고정할 수 없다. 이들은 변이 부분만 분리해야 고정종이 될 수 있다.

대부분의 식물들은 주연키메라(Periclinal chimera)가 생장점 한 레이어 전체가 돌연변이로 고정된 상태이기 때문에 비교적 안정적인 키메라이며, 이것은 삽목(꺾꽂이)이나 조직배양 같은 영양번식을 해도 무늬가 유지된다.

값비싼 귀한 난초였던 달마중투의 추락

한때 액운을 쫓는다 하여 부자들이 키우던 대만 달마라는 난초에서 중투가 나와 너도 나도 소장하며 매우 귀한 난초로 대접하던 시절이 있었다. 녹색 잎이 어느 날 갑자기 중투무늬로 돌연변이하면서 몇 백만 원으로 가격이 올라

---

8 잎의 겉꺼죽 안쪽에 있는 녹색의 두꺼운 부분으로 잎의 위아래 표피 사이의 조직이다. 엽록체를 품은 세포로 되어 있고 '잎살'이라고도 불린다.

인기는 더욱 높아졌다.

중투는 잎의 중앙이 백색이나 노란색인 무늬로 화훼 분야에서는 최고로 아름다운 무늬종의 형태이다. 평범했던 달마에 중투무늬가 나타나면서 고가의 귀한 난초로 변신하고, 이름도 '달마중투'로 바뀌었는데, 안타깝게도 조직배양이 가능해졌다. 그것도 돌연변이가 잘 고정되는 주연키메라인데다 너무도 빠르게 잘 자라 공급이 과해져 가격이 급락하고 말았다.

조직배양되어 공급이 많아진 달마중투

흰 무늬 바나나는 왜 고정이 어려운가?

주연키메라는 주로 생장점 한 층 전체가 돌연변이로 고정돼 굉장히 안정적인 상태라 조직 배양이 잘 된다. 반면 구분키메라와 불완전주연 키메라는 불완전한 상태여서 형태를 고정하기가 쉽지 않다.

흰 무늬 바나나는 미국에서는 뛰어난 관상적 가치를 인정받은 식물이다. 워낙 많은 사랑을 받다 보니 다양한 조직배양 회사에서 배양을 시도했다. 하지만 안정적으로 고정된 무늬를 얻지 못했는데, 잎 한 층 전체가 불완전주연키메라였기 때문인 것으로 밝혀졌다. 결국 흰 무늬 바나나는 조직배양이 되어도 안정적인 무늬를 생산하기 어려운 대표적인 품종이 되었다.

흰 무늬 바나나. 불완전주연키메라로 조직배양이 되어도 무늬가 잘 고정되지 않는다

부귀란 조직배양이 의미가 없는 이유

풍란도 조직배양이 가능하다. 하지만 어디까지나 일반적인 저렴한 풍란에 한해서이다. 부귀란의 무늬(호와 복륜) 자체가 불완전주연키메라에 속하기 때문에 조직배양으로 무늬를 고정하기가 매우 어렵다. 물론 몇 세대에 걸쳐 도전한다면 성공할 수도 있겠지만 부귀란은 성장속도가 워낙 느리기 때문에 조직배양 자체가 타산이 없다. 그래서 풍란계에서는 조직배양에 도전하느니 그냥 원종을 사서 잘 키우는 것이 훨씬 빠르다고 말을 한다.

무한복제가 가능한 유일한 풍란, 부악

풍란도 조직배양이 되지만 키메라(변이) 현상이 불안정하기 때문에 무늬종 같은 경우 개체 수를 확보하기가 매우 어렵다. 원하는 형태로 진화시키는 육종을 위한 실생을 해도 무지가 99%가 나온다.

물론 예외는 있다. 풍란류 중에서 특이하게 주연키메라를 지닌 '부악'이라는 품종이 있는데, 이 품종은 조직배양으로든, 실생으로든 개체를 무한 복제할 수 있다.

하지만 흔한 것은 가치가 없다. 그래서 부악 혈통의 파(산반호)가 들어간 풍란은 아름다워도 값이 저렴하다. 부악 외에도 풍명전, 설산 등도 조직배양이 가능해 가격이 매우 저렴해진 품종이다.

풍란 부악

실생 배양의
양면성

풍란이 번식하는 방법은 자연 상태에서 씨를 맺어 발아하는 방법과 새 촉이 나아서 번식하는 방법이 있다. 자연 상태에서 씨를 맺어 발아를 할 확률은 매우 낮은 것으로 추측된다. 만약 확률이 높았다면 국제 멸종 1급 위기종이 되지는 않았을 것 같다.

현재 풍란을 번식시키는 가장 일반적인 방법은 원종 종자를 잘 키워내 모종에서 분촉해 수량을 늘려가는 것이다. 이 방법은 난테크를 하는 가장 일반적인 방법이기도 하다.

하지만 분촉으로는 많은 수량의 풍란을 얻기 어렵고, 새로운 스타일의 풍란을 생산하는 데도 한계가 있다. 그래서 '실생'을 한다. 실생은 풍란에 꽃이 폈을 때 인위적으로 씨를 맺게 하여 여물게 한 후, 그 씨를 무균상태의 공간에서 배지(식물을 기르는 데 필요한 영양소가 들어 있는 액체) 위에 파종하여 싹을 틔우고 성장하게 하는 과정이다.

실생 배양의 긴 여정

풍란(부귀란)은 인위적으로 씨를 맺어 발아시킨 뒤 배양시켜 세상 밖으로 내놓기까지는 상당히 긴 시간이 걸린다. 평균 3~5년 정도 걸리는데, 어느 과정 하나 녹녹한 것이 없다.

우선 풍란이 꽃이 피면 꽃이 핀 종과 다른 꽃을 서로 수정시킨다. 풍란을 실생하는 목적 중 하나가 기존에는 없는 멋진 스타일의 풍란을 얻기 위해서인 만큼 잘생긴 아빠와 예쁜 엄마 난초를 교잡시키는 것이 중요하다.

무균 배지에서 배양하기

새로운 난초를 얻으려면 어떤 품종을 합치면 될지 미리 예측해 수정시킨 다음 인공적으로 수분[9]시키면 길쭉한 꼬투리가 만들어진다. 실제 풍란 씨는 길이가 약 0.5㎜, 폭이 0.1㎜ 정도로 아주 작아 눈으로 식별하기가 불가능하다.

이 꼬투리를 소독해서 씨앗들을 무균 배지에 파종한 후 플라스틱처럼 생긴 시험관에 넣어 배양실로 가서 배양하게 된다. 그러다 보면 분필가루보다 작은 씨앗들이 부풀기 시작한다. 무균 배양실 배지의 양분을 먹고 씨앗이 발아한 후 시간이 지나면서 점점 덩어리 모습으로 변하는데 이를 '원괴체(원형의 덩어리 식물체)'라고 한다.

배양지에서 꺼내 묘판에 옮겨심기

파종한지 100일 쯤 지나 형성된 원괴체들의 뿌리와 잎이 어느 정도 자라면 플라스틱 배양지에서 밖으로 나올 준비를 할 수 있다.

배양실에서 꺼내 묘판에 옮겨 심는 과정도 굉장한 노동력과 시간이 필요한 고행이다. 원괴체를 배양실에서 무균 배양할 때는 인공광에서 기르기 때문에

---

[9] 꽃가루가 식물에 전이되어 수정을 거쳐 유성 생식에 이를 수 있게 하는 과정. 꽃가루받이라고도 말한다.

무균 배지에서 배양하는 과정

1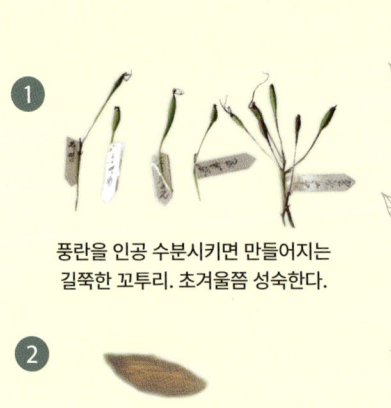
풍란을 인공 수분시키면 만들어지는 길쭉한 꼬투리. 초겨울쯤 성숙한다.

2
파종 전 풍란 씨앗. 3천 배 확대한 모습

3
파종 후 1개월. 씨앗이 통통해졌다. (수천 배 확대해 본 모습)

4
무균 배지에 파종한 후 발아를 시작하는 모습

5
파종 후 2개월. 비대해진 세포가 잎이 나오는 방향으로 집중되고 엽록소를 형성하고 있다.

6
파종 후 3개월. 세포가 확실히 잎 쪽으로 집중되고 있다.

7
파종 후 3개월 반(약 100일) 정도 되면 원괴체(Protocorm)가 형성된다.

8
파종 후 4개월. 솜털 같은 뿌리들이 자라나기 시작한다.

9
파종 후 6개월. 잎과 뿌리가 확실히 구분된다.

10
파종 후 10개월. 뿌리와 잎이 많이 자랐다.

원괴체들이 배양실에서 배양되는 모습

플라스크를 하우스로 옮겨
자연광에 익숙하게 만드는 과정

일단 이 병에서 꺼내기 전에 하우스 자연광에 적응시키는 과정이 필요하다. 적응이 끝나면 꺼내 깨끗한 물로 씻고 쪼개어 일반 묘판으로 하나하나 옮겨 심어야 한다.

묘판으로 옮겨 심었다고 끝이 아니다. 이 묘판에서 2년 정도를 더 키워야 비로소 시장에 내 놓을 수 있는 상품이 된다. 일반 무지 즉 아무런 끼가 없는 소엽풍란이라는 이름으로 일반 화원에 숯 부작, 목 부작 용도로 팔린다. 보통

묘판으로 옮겨심은 모습

시장에 출하할 수 있을 정도로 자란 풍란

소엽풍란은 3천 원, 무지 두엽 풍란은 1만 원 선에서 거래가 된다.

　실생의 과정을 살펴보면 이 작은 풍란을 생산하는 데 얼마나 많은 시간과 노력이 들어가는지를 알 수 있다. 씨앗에서 출하까지 최소 5년에 가까운 시간이 걸린다.

무지 풍란 밭에도 보물은 있다

불행인지, 다행인지 조직배양과는 달리 실생은 모종의 형질을 100% 갖고 태어나지 않는다. 약 99.9%가 무늬가 없는 무지성 난초가 나올 뿐이다. 무려 5년이나 투자했는데도 특별한 무늬를 가진 난초를 얻을 수 없다면 그야말로 헛고생을 한 것이다.

　하지만 재미난 사실은 이 가치 없어 보이는 무지의 풍란들도 세월을 먹으면서 발전해갈 수 있다는 것이다. 그래서 풍란의 묘판 위에서 재배 중일 때 주인이나 취미가들이 변화를 시작한 개성 있는 난초들을 선별하기도 한다. 예쁜 무늬가 있는 난초를 하나라도 발견하면 오랜 세월의 고생을 보상받을 수 있는 길이 열린다.

　묘판에서 미처 선발되지 못한 난초들 중 끼가 있는 것 혹은 새로운 스타일의 희귀난초를 찾아내는 과정을 '농채'라고 한다. 무지의 풍란 밭에서 무늬나 개성 있는 난초를 찾아내는 것은 사막에서 바늘 찾기라고 불릴 정도로 힘들고 고되다.

풍란을 농채하는 모습

하지만 찾아만 내면 최소 몇 배 이상 혹은 자기만의 일생일난이라는 무한대의 콘텐츠를 갖게 되니 황금을 발견한 것처럼 기쁘고 희열이 있다.

돌연변이 가능성이 높은 '끼' 있는 난초를 찾기

사실 실생 배양된 풍란 밭에서 무늬가 있는 난초를 발견할 확률은 굉장히 희박하다. 수백, 수천 개 중 한 개가 나올까 말까 하다. 하지만 당장은 무늬가 없어도 향후 무늬가 생길 것 같은 난초들이 있다. 일명 '끼'가 있는 난초들인데, 이런 난초를 선별해낼 수 있는 안목을 갖추는 것이 중요하다.

끼가 있는 난초를 찾으려면 돌연변이를 일으키는 다양한 요소를 이해해야 한다. 변이는 주로 난초의 묵, 견조선, 붙음매, 잎의 옆, 축, 색에서 일어난다. 이 부위에서 조그만 변화가 있어도 그것이 변화의 단초가 될 수 있으니 유의 깊게 관찰해야 한다.

특히 건국류나 흑모단, 음풍 등은 잎에 묵선이 있다면 곧 호가 생길 가능성이 있다. '묵선(먹줄)'은 식물 중 오직 풍란에만 존재한다. 그런데 이것이 변화의 시그널이나 마찬가지다. 그래서 이왕이면 묵선(먹줄)이 있는 난초를 골라 키우다 보면 좋은 일이 생길 수 있다.

① 잎에 묵(검은 선)이 있나?

풍란을 자세히 보면 무지의 녹색 잎에 검은색이 점처럼 흩어져 있거나 검은 선으로 이루어진 무늬가 보인다면 끼가 있을 가능성이 높다. 먹줄처럼 무지의 난초에 뭔가 하나라도 의미 있는 형태가 있다면 진화를 시작한 것이다.

무지에 묵호가 들어간 모습. 묵선은 호가 생길 수 있다는 중요한 시그널이다.

② 줄무늬(호)가 있나?

호랑이의 줄무늬를 '호'라고 하는데, 이 호가 있는지의 여부에 따라 평범한 풍란이 되기도 하고, 명품 난초가 되기도 한다. '호'는 색깔이나 모양에 따라 이름이 조금씩 달라진다. 무늬의 색깔이 녹색 바탕에 노란색 줄무늬이면 '황호'라고 한다. 노란색 줄무늬가 잎마다 발전해 온통 아름다운 황호가 되기도 한다.

난초의 줄무늬가 녹색 바탕에 흰색으로 나타날 수 있다. 이것을 '백호'라고 한다. 초록색 잎에 백호의 줄무늬가 여러 개 생기면 '설백호'라 한다. 백호가 모든 잎장에 골고루 퍼지면 그야말로 명품 품종으로 발돋움하게 된다.

초록의 잎이 노란 줄무늬(황호)로 아름답게 변했다.

초록의 잎이 백호의 줄무늬로 발전하면 '설백호'라고 한다.

백호가 모든 촉, 모든 잎장에 골고루 퍼지면서 명품으로 거듭난 모습

미미하게 색감이 변했다. 붙음매와 축으로부터 색감이 변화하기 시작했다.

③ 잎의 색감이 변했는가?

때로는 눈에 잘 보이지도 않을 만큼 미미하게 잎의 색감이 변하기도 한다. 이 또한 놓치지 않아야 할 변화이다. 작은 변화일지라도 그것이 변이를 예고하는 신호탄일 수 있다.

처음에 난초를 볼 때는 다 비슷해보이지만 잎장과 축 그리고 뿌리 등을 구분지어서 보면 그 형태마다 개성을 찾을 수 있게 된다. 경륜이 쌓일수록 난초의 길이, 잎 넓이, 잎의 두께(두터움, 후육질), 잎 끝 마무리 등을 세심하게 보면서 더 좋은 것이 무엇인지 눈에 익혀야 한다.

부귀란은 저마다의 개성이 뚜렷하고, 또 같은 품종이어도 변화의 방향이 다를 수 있다. 그래서 애란인들은 대부분 여러 화분을 골고루 수집해 키우게 된다.

취미와 자산을 농사짓는 도시농부의 평생 취미·평생 소득 전략

PART

3

은퇴야 기다려라! 나는야, 국제 1급 멸종 위기종을 생산해내는 도시농부

은퇴 후
뭘 하고 살아야 할까?

사람은 누구나 은퇴 후의 삶을 생각한다. 수명은 점점 더 늘어나는데, 은퇴 시기는 빨라지는 추세다. 50세 이전에 퇴직 압력을 받는 사람들도 많고, 정년 60세를 채워 은퇴하기란 하늘에 별 따기처럼 어려워 사람들의 근심은 깊어질 수밖에 없다.

"도대체 은퇴 후에 뭘 하면서 살아야 할까?"

100세 시대를 준비하며 즐겁게 일을 하면서 노후에 안정적으로 돈을 벌 수 있다면 그야말로 금상첨화일 것이다. 그런 일이 가능은 할까? 흔한 말로 갓물주라고 불리는 건물주 같은 큰 부자들만 가능한 이야기가 아닐까?

아니다. 지금부터라도 풍란(부귀란) 난테크를 배워 은퇴를 준비한다면 얼마든지 현실화시킬 수 있다.

저성장, 저출산, 조기은퇴, 고령화 시대의 유일한 대안

대한민국도 산업이 고도화되면서 예전에는 없었던 많은 문제가 대두되고 있다. 무엇보다 심각한 저출산과 저성장 그리고 높은 인플레이션이 큰 문제이다. 인공지능과 로봇의 등장으로 일자리는 갈수록 줄어들고, 열심히 일해도 연봉은 물가상승률을 따라 가지 못해 늘 빠듯하다.

어떻게 해야 이 힘든 시간을 견디고, 더 나은 미래를 만들 수 있을까? 그 답을 나는 일본에서 찾았다.

20여 년 전 방문한 일본은 장기 불황의 늪에 빠져 있었다. 전반적으로 분위기가 침체되어 대다수가 우울한 풍경이었으나 부귀란을 키우는 일본 애호가들은 표정이 밝고 의욕에 차 있으며, 뭔가 꿈에 젖은 듯한 모습으로 전혀 딴 세상을 살고 있는 듯했다.

그 모습을 보면서 해답을 찾은 느낌이었다. 부귀란. 어쩌면 이것이 앞으로 한국사회에도 불어 닥칠 저성장과 조기은퇴, 고령화 시대가 만들어내는 심각한 문제들을 풀 수 있는 열쇠가 될 수 있을 것이라 생각했다. 특히 100세 시대가 되면서 은퇴 후 35만 시간(약 40년)을 버텨내야 하는 사람들에게 '풍란(부귀란)'은 취미처럼 즐기면서 돈을 벌 수 있는 훌륭한 재테크 수단이 될 수 있을 것이라는 확신을 얻었다.

풍란(부귀란)을 키우는 도시농부

우리나라에서 퇴직자들이 가장 많이 하는 창업 업종은 '치킨집'이라고 한다. 특별한 기술이 없어도 누구나 쉽게 창업할 수 있지만 매일 기름 냄새를 맡으며 닭을 튀기는 일은 쉽지 않다. 경쟁이 매우 치열하고 일 자체가 매우 고됨에도 안타깝게도 수익구조는 매우 좋지 않다. 그렇다 보니 좀더 안정적인 수익구조를 원하는 은퇴자들이 도시농업에 눈을 돌리고 있다.

　닭집 창업은 가맹비, 장비 구매비, 점포 보증금 및 임대료 등 초기비용이 많이 든다. 게다가 치킨집이 5만여 개 이상이어서 치열한 가격 경쟁을 해야 하고, 매년 오르는 인건비와 원자재 가격을 감당하기도 어렵다. 세금과 배달 수수료도 만만치 않다.

　반면 도시농업은 베란다, 옥상, 작은 정원에서도 가능하며, 초기 투자비용이 상대적으로 적다. 도시농업이란 도시의 다양한 공간을 이용하여 식물을 재배하고, 가꾸고 관리하며 그 생산물을 활용하는 농업활동이다.

　사람들이 도시농업을 꿈꾸는 이유는 다양하다. 우선 식물을 키우고 돌보면서 심리적인 안정을 얻을 수 있다. 또한 많은 사람들의 사랑과 감탄을 받을 수 있는 희귀식물을 키우면 돈을 버는 것도 가능하다. 몸을 움직이면서 건강을 챙길 수도 있고, 인간관계의 폭을 넓힐 수 있다는 것도 장점이다.

　또한 국제적인 SNS의 교류로 전 세계 동호인들과 소통하며 정보를 나누고

K-풍란 천금(왼쪽)과 활짝 꽃이 핀 풍란 녹보(오른쪽). 풍란은 잎의 무늬, 꽃, 축 등 다른 식물에서는 볼 수 없는 다양한 매력이 있어 보는 즐거움이 극대화된다.

국제적으로 물건을 사고 팔 수도 있다. 치킨집이 동네 한정인 것과는 대조적이다.

도시농업의 아이템은 여러 가지가 있을 수 있지만 풍란(부귀란) 농사만큼 적합한 아이템도 없다. 풍란을 키우며 돌보면 사람을 즐겁게 하는 호르몬이 나와 보기만 해도 우울한 마음이 사라지고 마음이 안정된다. 풍란을 가까이 두면 머리 아픈 것이 사라지며, 혈압이 내려가 머리가 맑아지고 눈이 시원해지는 것을 느낀다. 이것은 고등식물 풍란(부귀란)이 사람에게 주는 최고의 선물이다.

녹색 식물이 주는 정서적 안정감은 이미 많이 입증되었다. 정신과 전문의 이시형 박사님은 '식물을 기르고 수확할 때 촉진되는 행복 호르몬인 세로토닌으로 인간의 정신적인 부분과 스트레스 치유가 가능하다'고 말했다. 또한 미국 미시간대학교 스티브 카플란(Steven Kaplan) 교수도 연구를 통해 '식물의 녹색은 휴식과 안정감을 주는 심리적인 효과가 있으며 자연을 체험할 때 인간의 기억력이 회복된다'고 밝혔다.

모든 식물 중에 가장 고등식물이라 불리는 풍란(부귀란)이 주는 정서적 안정감은 훨씬 더 크다. 풍란(부귀란)을 볼 때 일반식물을 볼 때보다 월등하게 세로토닌 수치가 높아지기 때문이다.

세로토닌이 많이 분비되는 이유는 식물의 격이 매우 높아서이다. 풍란(부귀란)은 '잎과 무늬, 꽃과 향기, 축과 붙음매, 뿌리와 색깔'이 매우 독특하고 다양하다. 다른 식물에서는 볼 수 없는 고유한 매력이 복합적으로 융합되어 있어 보는 즐거움을 극대화시켜주기 때문에 세로토닌이 많이 나온다.

풍란의 꽃말은 '참다운 매력'이다. 사람들이 다양하게 즐길 수 있는 요소를 다분히 넘치도록 갖고 있으니 풍란은 꽃말 그대로 참다운 매력이 있는 식물이고, 수천 년의 역사에서도 그 아름다움과 매력으로 생존하여 지금껏 그 당당하고 도도한 모습을 자랑할 수 있는 것이다.

풍란을 키우는 도시농부는 나만 행복한 것이 아니라 그 풍란을 구매하는 사람들까지 즐겁게 해줄 수 있어 더욱 매력적이다. 게다가 국제 1급 멸종 위기종을 보호하며 천연기념물보다 귀한 명품을 생산해낸다는 자부심과 긍지도 가질 수 있다.

도시농부의 일터인 난실은 매일 풍란 꽃의 달콤한 향기가 진동하니 이곳이 일터인지 천국인지 구분하기 어렵다. 누구나 은퇴 준비로 고민이 크겠지만 이런 꿈같은

놀라운 설백 무늬를 자랑하는 천금

퇴직이 있음을 알게 되었으니 평생 천국 같은 곳에서 행복하게 일할 수 있는 도시농부 '난테크'를 지금부터라도 준비해보면 어떨까.

영원한 블루오션, 풍란(부귀란) 난테크

블루오션이란 현재 존재하지 않거나 널리 알려져 있지 않아 경쟁자가 없는 유망한 시장을 가리킨다. 블루오션에서는 시장 수요가 경쟁이 아니라 창조에 의해 얻어지며, 높은 수익과 빠른 성장을 가능하게 하는 엄청난 기회가 존재한다. 또한 경기 법칙이 아직 정해지지 않았기 때문에 경쟁은 무의미하다고 볼 수 있다. 따라서 블루오션은 아직 시도된 적이 없는 광범위하고 깊은 잠재력을 지닌 시장을 뜻하는데, 나는 '풍란(부귀란)' 산업이 한국의 일반인들이 도전할 수 있는 유일한 블루오션이라고 생각한다.

블루오션은 확실히 가능성이 많은 시장이지만 아무도 가지 않은 길을 가야하기 때문에 그만큼 무모한 도전도 필요하다. 모두가 달려가는 길은 죽음의 길이다. 아직 남들이 가지 않은 길은 두렵고 힘들지라도 살 길이 된다. 진리는

직설이 아닌 역설인 것이다. 그것만 이해해도 살아가면서 외통수에서 번번이 숨통이 뚫린다.

꿈처럼 이야기하지만 막상 시작해보면 난테크가 마냥 쉽지만은 않다. 난초를 어디서 사야 하고, 어디서 키워야 하고, 잘 키워낸 난초는 어떻게 팔아야 할까?

무엇이든 천리길도 한걸음부터이다. 만약 은퇴 후 꿈꾸는 생활이 있다면 천천히 준비해 그 목표를 이루는 것이 중요하다. 사실은 굳이 난초를 어디서 사서, 어떻게 팔아야 할지 크게 고민하지 않아도 된다. 전국적으로 많은 상인과 동호인 그리고 '부자 되는 귀한 난초-부귀란밴드' 및 '풍미인'이라는 카페와 '풍빠모'라는 커뮤니티 등이 활발하게 운영되고 있고, '난초TV'라는 유튜브 채널에서도 많은 홍보와 판매가 이루어지고 있기 때문이다.

관심을 갖는 사람들과 입문자는 점점 늘어나고 있고, 미디어 매스컴에서도 주기적으로 풍란(부귀란)의 매력을 노출시켜주고 있다. 또한 전 국민이 휴대폰 카메라를 하나씩 들고 다니는 시대이다. 언제 어디에서 난초와 함께 있는 모습이 찍힐지 모른다. 유튜브, 인스타그램, 틱톡 등에 올라온 난초를 보고 언제든 연락이 올 수도 있다. SNS가 활성화되면서 국내뿐만 아니라 해외에서도 마찬가지이다.

한편으로는 난초를 한다는 것만으로도 일단 사람이 격이 있어 보인다. 그런 사람들이 모여 키우는 난들이 서로 명품 경쟁을 하기 때문에 자연스럽게 노출이 되기 마련이다.

그러니 굳이 적극적으로 홍보를 하지 않아도 명품은 저절로 소문이 난다. 굳이 구매자를 찾아다니지 않아도 상인들이 장사를 해야 하니 거두어 가고, 개별적으로 원하는 사람들이 구매하고 싶다고 연락하기도 한다. 단체 모임에서는 경합을 치러서라도 서로 가지려고 탐욕을 터트려야 희귀 종자를 얻어갈 수 있는 곳이라 이곳이야말로 진정한 '블루오션'인 것이다.

진정한 힐링! 스트레스 제로!
녹색 치유농업 중심에 풍란이 있다

녹색 식물이 현대인들의 지친 심신을 치유하는 데 도움이 된다는 것이 입증되면서 우리나라에서도 농촌진흥청을 중심으로 '치유농업'을 본격적으로 추진하고 있다. 병원, 요양원, 학교, 지역 센터 등에서 녹색 식물들을 가꾸면서 심리적, 정서적 안정을 찾도록 돕는 프로그램을 시작했는데, 풍란을 매개로 한 사례가 많다.

풍란을 중심으로 치유농업 프로그램을 진행해 긍정적인 효과를 얻은 사례는 다양하다. 한 요양원에서 치유농업 프로그램을 도입해 치매와 같은 인지적 문제를 안고 있는 어르신들이 풍란을 재배하도록 했다. 난초를 돌보는 반복적인 활동은 그들에게 정서적 안정감을 주었을 뿐만 아니라 인지 기능이 향상되는 놀라운 변화를 보였다. 특히, 어르신들은 꽃이 피는 난초를 보며 활력을 되찾고, 사회적 상호작용이 증가한 것으로 보고되었다.

PTSD(외상 후 스트레스 장애)를 개선하는 데도 풍란이 도움이 되었다. PTSD를 앓고 있는 군인이 재활 프로그램의 일환으로 풍란을 재배했다. 초기에는 난초를 돌보는 데 많은 어려움을 겪었지만, 점차 식물의 성장과 변화에 집중하면서 마음의 평화를 찾기 시작했고, PTSD 증상도 많이 개선되었다.

오랫동안 우울증과 불안을 겪고 있던 중년 여성도 풍란을 키우면서 긍정적으로 변했다. 그녀는 난초를 돌보면서 책임감을 느꼈고, 집중력도 좋아졌다. 또한 꽃이 피며 신아가 돋아나는 과정을 보면서 성취감과 정서적 안정감을 느끼게 되면서 일상에 긍정적인 변화가 일어난다. 그러면서 우울증과 불안감이 개선된 것은 물론이다.

도시농부 개인 난실 풍경

기업에서 직원들의 스트레스를 관리하기 위해 난초 재배 워크숍을 열기도 했다. 많은 직원들이 참여했는데, 그들은 일과 후 난초를 돌보는 시간을 통해 스트레스를 풀고, 집중력을 회복할 수 있었다. 결과적으로, 직원들의 전반적인 스트레스 수준이 감소했고, 업무 효율성이 향상되는 긍정적인 결과를 얻었다.

'오키드 테라피(orchids therapy)'라는 말은 심리치료를 목적으로 난초를 키우고 물을 주며 돌보는 것을 의미한다. 오키드 테라피에서는 번식과 성장이 빠른 대중적인 저렴한 풍란들을 사용하는데, 매일 바쁘게 관리하는 게 치유에 도움이 되기 때문이라고 한다.

난초들을 자식처럼 돌보고 '난멍(난초를 바라보며 멍하니 있는 것)'하는 동안 마음은 저절로 치유된다. 그래서 나는 스트레스가 많아 어렵고 힘들게 사는 사람들에게 난초가 큰 도움을 줄 것이라 생각하고 '1가정 1난실'을 목표로 하고 있다. 스마트 기기 등에게 소중한 가족과의 유대를 빼앗겨 가는 요즘 가족들이 서로 난초를 돌봐주다 보면 정서적 유대관계가 돈독해지고, 더 나아가 자연과 연결되며 삶이 더 안정될 것이라 생각한다.

풍란의 시작,
풍란의 종류 이해하기

풍란은 사시사철 푸른 상록 다년초로 해안가의 절벽이나 바위 또는 나뭇가지에 붙어사는 착생란이다. 이 풍란을 부르는 이름이 너무나도 많다. 풍란이라는 이름 외에 부귀란으로 불리기도 하고, 신풍란이라 불리는 품종들도 있다. 그리고 이제는 세계화를 목표로 하기 때문에 'K-풍란'이라고 부르는 품종도 생겼다. 하지만 풍란을 구분하는 가장 큰 분류는 '대엽풍란'과 '소엽풍란'이다.

대엽풍란. 잎 모양이 둥글고 크다.

대엽풍란과 소엽풍란

보통의 풍란은 두 종류가 있다. 하나는 'Aerides japonicum Reichbfil'이라는 학명을 가진 '나도풍란'이다. 우리나라에서는 꽃 모양이 나비를 닮았다고 하여 '나비난초'라고도 하며, 잎 모양이 둥글고 커서 '대엽풍란'이라고도 불린다.

이 나도풍란(대엽풍란)은 상대적으로 잎이 넓고 크고 부피감이 있다. 꽃을 피웠을 때는 매우 아름답고 향기가 좋지만 증식이 나빠 취미용·감상용으로 몇 화분 이내로 키운다.

다른 하나는 소엽풍란(Vanda falcata)이라는 품종으로 나도풍란에 비해 잎이 상대적으로 좁고 가늘고 얇은 것이 특징이다. 꽃 모양이 특이하게 생겨서 꿀을 담아두는 뒤편의 꿀샘이 길게 나 있는데 이를 소엽풍란에서는 '거(距)'라고 부른다. 이 거의 모습이 길게 나와 있는 꼬리를 닮았다고 해서 '꼬리 난초'라고도 불린다.

소엽풍란.
나도풍란(대엽풍란)에 비해 잎이 좁고 가늘고 얇다.

보통 우리가 '풍란을 한다' 혹은 '부귀란을 한다'고 하는 것은 일반적으로 소엽풍란(Vanda falcata)을 키우는 것을 말한다. 소엽풍란들은 제주도를 비롯한 남해안과 서해안 해안가를 중심으로 많이 자생하고 있었으나 지금은 무분별한 남획과 굴취로 자연에서는 찾아보기 힘들며 구할 수도 없다.

야생에서는 거의 멸종되었지만 그래도 몇몇 실생가의 노력으로 인터넷에서 '대엽풍란, 소엽풍란'으로 검색하면 저렴한 가격에 쉽게 구할 수 있다. 그러나 무지의 저렴한 난초들은 경제성이 없기에 재미나 감상용으로 키우는 것이 아니라면 발품을 팔아 인천의 연리지와 나야풍란원, 일산의 정란사와 부산 해

풍원, 천안 문향원 등 각 도시마다 위치한 풍란(부귀란) 전문점을 방문해서 직접 보고 구매하는 것을 추천한다.

숯부작, 석부작, 목부작

풍란의 특별한 매력은 죽은 생명에 새로운 목숨을 불어넣어준다는 것이다. 자기 자신이 영생하는 불로초이기 때문에 그 풍란을 어디에 붙이던 영원한 생명력을 얻게 된다. 붙인 대상이 이미 죽은 것이어도 새로운 생명으로 태어난다. 그래서 나무가 불탄 숯에 붙이면 숯부작이 되고, 돌에 붙이면 석부작, 죽은 나무에 붙이면 목부작이 된다. 죽은 것도 새롭게 생명을 입히고, 영원한 숨을 불어넣는 것이 불로초인 풍란의 힘이다.

　풍수로 보면 풍란은 집안의 죽은 기운과 탁한 기운을 빼주고 생명의 바람(風)을 넣어주며, 그 어디서도 맡아본 적 없는 달콤한 감향으로 천상의 향기를 내뿜어 그가 존재하는 곳을 천국으로 만들어버리고 마는 마법사이다. 그렇게

석부작. 죽은 돌에 생명이 돈다.

힐링과 회복 그리고 풍수지리에 있어서도 최고인 것을 사람들이 알기에 예나 지금이나 눈에 보이는 대로 뜯어가 1급 멸종 위기종이 된 것이다.

지금은 과학의 발달로 소엽풍란과 무지풍란이 저렴한 가격에 유통된다. 그러니 집안의 기운이 막혔거나 숨통이 돌지 않거나 맥이 막혀 외통수가 되었다고 느껴질 때, 탁기가 느껴지거나 집안이 삭막할 때는 집안에 석부작이나 목부작을 연출하여 전시해보는 것도 좋다. 그때부터 신기하게도 집안에 감미로운 숨결이 돌기 시작하는 마법을 경험하게 될 것이다.

부귀란(富貴蘭), 신풍란, K-풍란

풍란은 크게 부귀란, 신풍란, K-풍란 3가지로 구분된다. 먼저 부귀란(FUKIRAN, 富貴蘭)은 '풍란'의 특정 품종을 표시하는 일본식 명칭이다. 풍란 중에서도 특별한 개성과 아름다움 그리고 희소성이 인정된 품종들이 있다. 그 품종들이 수세대가 지났는데도 변하지 않고 모습이 유지되는 것이 확인되면 부귀란 명감이라는 족보에 올라간다. 이처럼 족보가 있는 양반 풍란이 '부귀란'이다.

부귀란은 일반 풍란보다 감상가치가 매우 높고 아름답다. 색감과 무늬 패턴이 특별하며 변화와 진화를 계속 시도하고, 원종으로서의 경제적 가치도 뛰어나 특별히 좋은 이름이 지어진 명명품이다. 오랜 세월 일본에서 부귀란의 인기는 그 어떤 원예식물보다 높으며, 귀한 품종은 매우 높은 가격에 거래된다. 즉, 부귀란은 풍란의 한 갈래이고, 이 부귀란은 일본으로부터 한국에 전파되었고, 이제는 한국을 통해 중국, 이탈리아, 미국 등으로 확산되고 있다.

그렇다면 요즘 회자되는 신풍란은 무엇일까? 한국은 외부의 문화를 그대로 받아들이기보다는 시간이 걸리더라도 항상 그 이상을 만들어내곤 한다. 부귀란도 마찬가지다. 일본에서 전해진 명명품 부귀란에만 만족하지 않고, 더 좋은 난초를 만들어내기 위해 노력했다.

30여 년 전 일본을 통해 부귀란이 한국에 처음 들어왔을 때 수많은 농장에서 새로운 품종을 만들기 위해 도전하였다. 당시 한국도 아파트 문화가 확산되던 시대라 새집증후군을 없애고 베란다를 꾸미는 열풍이 불 때여서 소엽풍란의 인기는 대단했다.

소엽풍란 중에서도 무늬가 있는 난초와 새롭게 만들어진 난초는 높은 가격에 거래되었기 때문에 육종가들은 끊임없이 품종을 개량하고, 더 멋진 풍란을 생산하는 도전을 거듭했다. 그 결과 마침내 일본 부귀란과는 또 다른 매력을 가진 새로운 풍란을 만들어낼 수 있었다. 500년 된 일본의 부귀란의 역사를 불과 30년 만에 일본 부귀란을 능가하는 새로운 풍란들을 만들어낸 것이다. 실로 기적과도 같은 일인데, 이렇게 한국에서 만들어진 새로운 스타일의 풍란을 '신풍란'이라 부른다. 관악, 대관, 고조선, 신라, 발해, 왕조, 고천관 등이 대표적인 신풍란이다. 일본에서 자극 받아 그런지 한국의 옛 국가 명칭이 많다.

신풍란 원창

신풍란 고천관

K-풍란 궁극　　　　　　　　K-풍란 천해보

당시 센세이션을 불러일으켰던 신풍란도 세상에 나온 지 벌써 20여 년이 지났다. 그러다 보니 부귀란의 원조격인 일본도 동양문화권이기에 한국에서 만들어진 '신풍란'의 빼어난 개성과 아름다움을 인정하고, 해마다 일본 명감에 올리며 '부귀란'과 같은 격으로 인정하며 귀하게 여기게 되었다.

'K-풍란'은 한국 풍란을 세계화하기 위해 '한국부귀란협회'와 '모단패밀리'가 기획하여 천안의 '문향원'에서 2020년 이후 만들어진 빼어나고 독창적이며 세계인들의 구미에 딱 맞도록 선발된 품종이다. 즉 K-풍란은 모단패밀리가 독점적으로 명명하여 한국부귀란협회의 인정을 받아 런칭한 세계 일류 상품에 도전할 명품 풍란인 것이다.

K-풍란 품종으로는 천금, 천호, 천설, 천군, 천백, 천존, 천국, 모패, 만관, 탄성, 감탄 등이 있다. 일본 풍란은 대체적으로 잎이 얇고 길다. 이에 비해 신풍란과 K-풍란은 잎이 넓으며 두꺼운 편이다. 잎과 무늬의 모양과 형태, 색깔도 다양하다. 특히 한국적인 설백의 호와 복륜이 잘 표현되어 일본 난에서는 볼 수 없는 차별성을 만끽할 수 있다.

특히 K-풍란은 다채로운 변화와 멋진 무늬의 진화로 스스로 새로운 디자인으로 발전하여 그 이름을 바꾸어 간다. 신풍란의 장점에 기존의 일반 풍란과는 차별화되는 새로운 디자인이 더해진 것이 K-풍란이다.

무엇보다 풍란은 그 자체로 꽃보다 예뻐야 한다고 생각한다. 꽃이 피지 않아도 잎의 무늬나 색깔, 뿌리의 색깔만으로도 충분히 예뻐야 소장과 배양의 가치가 있다고 생각한다. 그런 조건을 충족시키는 것이 K-풍란이다.

"한국적인 것이 가장 세계적인 것이다."

그럼에도 K-풍란은 아직까지는 가치를 제대로 인정받지 못하고 있다. 전통적인 풍란의 가치를 지향하는 일본은 당연히 K-풍란을 배척한다. 너무 변이가 심한 K-풍란은 난초도 아니라며 폄하한다. 일본 부귀란과 함께 신풍란을 선호하는 한국 1세대 애란인들도 마찬가지이다.

K-풍란 천문. 삼광중반 백복륜의 예를 갖춘 멋진 모습이다.

새로운 것은 언제나 낯선 법이다. 설령 그것이 미래를 주도할 혁신적인 것이라고 해도 처음에는 새로운 가치보다는 어색하고 낯설어 외면하기 쉽다. 문화대통령으로 추앙받았던 서태지와 아이들도 처음에는 이상한 음악을 들고 나온 괴짜에 불과했다. 그들이 불렀던 '하여가'는 음악평론가들이 60~70점을 주었을 정도로 평가 절하되었었다.

개인적으로 K-풍란은 500년의 유구한 역사를 자랑하는 일본 풍란과 비교해도 전혀 손색이 없다고 생각한다. 처음 보는 모습이어서 낯설다고 진가를 제대로 인정받지 못하는 상황이지만 서태지의 '난 알아요'가 결국 많은 사람들로부터 사랑을 받았듯이 난테크를 하는 많은 사람들도 K-풍란을 키워보며 언젠가 '난 알아요!'라고 기쁘게 노래 부를 날이 올 것이다.

난실에 K-풍란 하나 올려두면 '군계일학'이라는 말이 절로 나온다. 그 어떤 난초와 비교해도 전혀 손색이 없으며 눈길을 사로잡는다. 시간이 더 지나면 K-풍란이 새로운 풍란 문화를 주도하는 주역으로 자리 잡게 될 것이다.

풍란 크기로도 분류! 장엽, 중엽, 단엽, 두엽, 미엽

풍란은 품종이 다양한 만큼 크기도 다양하다. 춘란이나 서양란에 비하면 상대적으로 작은 편이지만 개중에는 부담스러울 정도로 큰 것도 있는 반면 손톱만큼 작고 앙증맞은 난초도 있다. 그래서 크기에 따라 풍란을 '장엽, 중엽, 단엽, 두(豆,콩)엽, 미(米,쌀)엽'으로 분류한다.

장엽, 중엽, 두엽 등으로 구분하는 기준은 명확하다. 손바닥을 펼쳐서 손가락보다 잎장의 크기가 모든 손가락의 크기를 넘어가면 '장엽'이라고 하고, 난초의 전체 입장의 크기가 손을 펼친 손바닥 안에 들어오면 '중엽', 두 마디 안까지 들어오면 '단엽'으로 구분한다.

난초의 크기가 엄지손가락 두 마디 크기면 '두엽' 종으로 구분하며, 새끼손

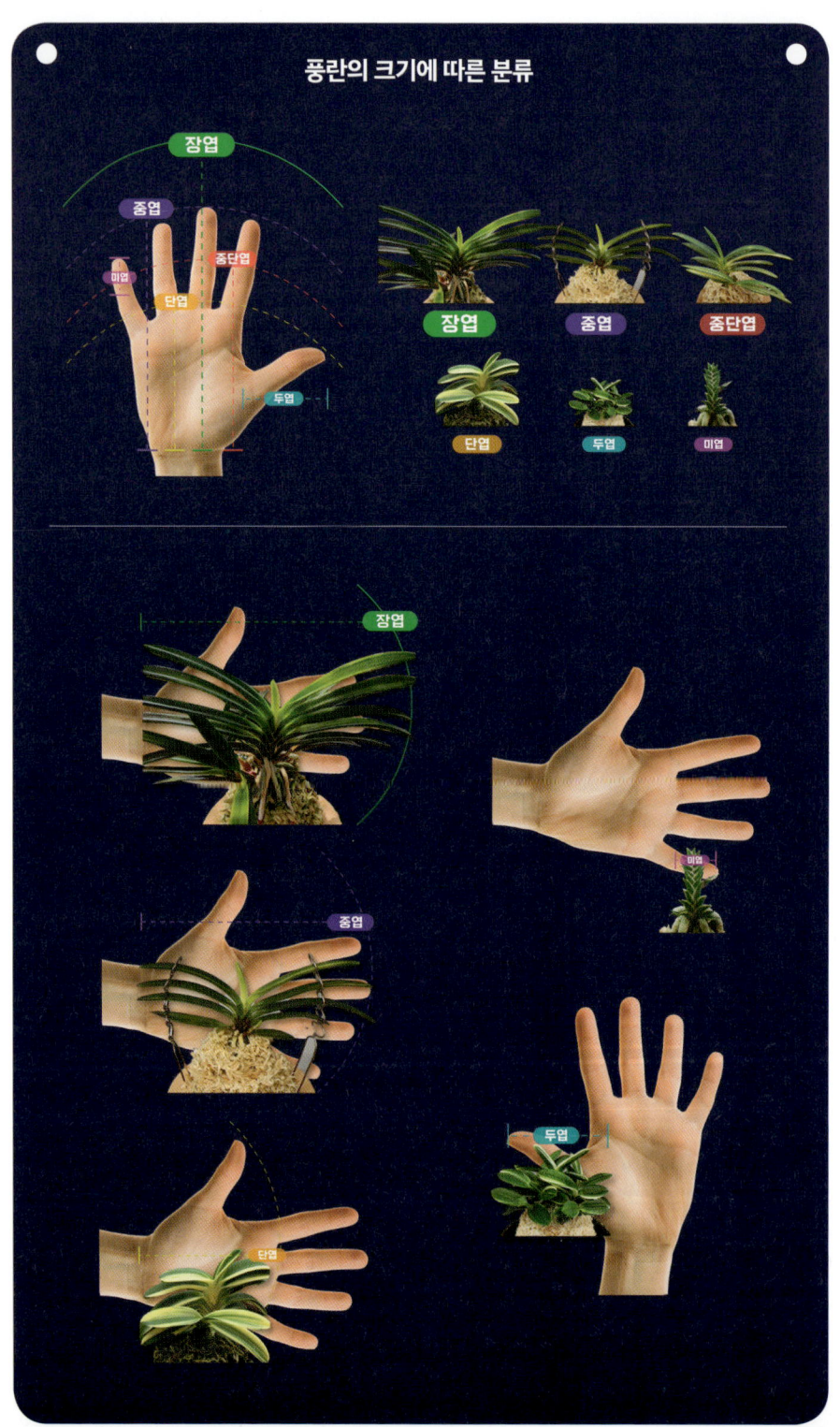

가락 두 마디 크기면 '미엽' 종으로 구분한다.

난초의 크기에 따라 저마다의 특색과 매력이 있지만 최근에는 사이즈가 작을수록 인기가 더 많아지는 추세이다. 풍란(부귀란)도 점점 작아지는 미니어처의 길을 걷고 있는데, 이는 아마도 같은 공간에 더 많은 난초를 소장하고 싶은 인간의 욕심이 반영된 것일 수도 있다.

물론 난초의 품종에 따른 고유의 크기가 있는데, 같은 카테고리에서는 이왕이면 가장 크고 가장 튼튼하고 가장 우람한 것을 선호한다. 크고 튼튼한 것이 우량종자로서 가치가 있기 때문이다. 그래서 같은 혈통이라면 크고, 후육(두꺼운 잎)에 광엽 그리고 잎이 둥글게 옹이진 것을 선호한다.

풍란(부귀란)의 원예는 크고 우람하게 단순한 농사의 증식이 아니라 난초가 갖고 있는 궁극의 예를 다 끄집어내어 진화를 유도하여 더 작아지고, 더 많은 예를 가진 난초를 만들어내는 경쟁이라 할 수 있다. 사실 난초는 무늬가 없고 예가 없을수록 크고 건강하게 잘 자란다. 하지만 난초가 진화(돌연변이)를 시작하면 다양한 예(독특한 특성)를 품기 시작하는데, 이때부터 난초는 점점 소형화되기 시작한다.

서능금은 원래 뒤쪽 잎처럼 무지의 대형의 장엽인데, 앞쪽에 설백으로 돌연변이된 자촉이 생겼다. 그러면서 잎도 단엽으로 소형화되었다.

부귀란 서능금. 설백의 하얀 빛이 매력적이다.

서능금에서 소형화된 설백 삼광복륜이 멋진 '서능관'

오른쪽 장엽의 '음풍'이 돌연변이되어 왼쪽의 '음풍괴'로 소형화되었다.

작은 난초는 한 가지 예를 품기도 쉽지 않다. 그래서 많은 예를 품고 있는 난초는 너무 귀해 인기가 많고, 값이 오를 수밖에 없다.

물론 아직까지 부귀란을 접해보지 않은 많은 사람들은 대부분 작은 난초보다 큰 난초를 선호하고 있다. 유럽과 동남아, 중국에서도 난초를 많이 키우는데, 그들은 아직 장엽의 큰 난초를 더 좋아한다.

우리도 30년 전에는 그들처럼 큰 난초를 좋아했다. 초기 문명은 크고 거대한 것이 대단해 보이지만 최첨단 하이테크 시대에는 사실 더 작고 더 아름다운 것이 가치가 높다. 작지만 기술집약적이어야 하듯이 난초도 작지만 예가 집약적인 것이 더욱 희귀해 가치가 있다는 이치를 알게 되면 자연스럽게 포켓 사이즈의 난초를 선호하게 될 것이다.

풍란을 위한
최적의 화분 고르기

난(蘭)은 뿌리에 마이코라이자(Mycorrhiza)라는 난균(蘭菌)이 서식하기 때문에 배수가 잘 되고 통기가 잘 되는 화분을 고르는 것이 좋다. 그러면서도 적당히 물을 머금는 능력(보수력)이 있어야 한다. 부귀란을 배양할 때는 토분을 사용하고, 전시회에 출품하거나 특별히 선보일 때는 전시화분을 사용한다.

토분부터 전시분까지 종류도 다양하다

처음 풍란을 구입하면 대부분 토분에 심어져 있는 것이 보통이다. 토분은 가장 많이 이용하는 분으로, 가격이 저렴하지만 질이 상당히 좋다. 난을 키우는 데는 저온으로 초벌구이 한 토분이 제일 좋다. 초벌구이 분은 토질이 부드럽고 두께가 얇으므로 배수, 보수, 통기성이 뛰어난데다 초벌구이만 해서 물이 잘 스며든다. 습도가 높은 곳에서는 흡수성이 없는 인공 플라스틱 분은 쓰지 않는 것이 좋다.

토분으로도 충분히 풍란을 키울 수 있다. 하지만 특별히 난초의 가치를 부각시키거나 감상을 목적으로 할 때는 토분이 아닌 좀더 멋스런 난 화분을 선택하는 것도 나쁘지 않다.

난분은 곡선을 이룬 원통형부터 4각, 6각, 8각, 마름모형과 같은 다각물부터 길이가 짧고 뚱뚱한 형까지 다양

토분은 배수, 보수, 통기성이 좋다.

한 모양이 있다. 유약이나 그림을 그려 넣은 감상용 고급분도 많다. 유명한 작가의 화분을 컬렉션하기도 하고, 자신이 소장하고 있는 난초와 가장 잘 어울리는 화분을 선택하여 연출하는 것도 즐거운 재미이다.

유약을 바른 감상용 고급 화분. 화분 위의 풍란은 금강보에서 황대복륜으로 변화된 금강관이다.

너무 크지도, 작지도 않아야 한다

화분의 크기도 중요하다. 분이 난에 비해 너무 크면 분만 눈에 보여 중요한 난이 돋보이지 않는다. 반면, 너무 작아도 난의 안정감을 잃게 된다. 난에만 국한된 것이 아니고 다른 식물을 가꿀 때도 마찬가지다. 어떤 식물이든 식물에 비해 화분이 약간 작을 때 용토(배양토)의 건조가 빨라 뿌리의 발육이 좋다. 즉 작은 난초는 미니 토분에 심는 것이 안전하다. 난보다 화분이 크면 난초가 잘 자라지 못한다.

물주기 직전에는 분 안이 건조한 상태여야 하는데 난에 비해 분이 너무 크면 계속 습한 상태가 유지되어 통기성이 떨어진다. 이런 환경에서도는 난균이 서식하기 쉽고, 뿌리가 썩을 위험도 크다.

일반적으로 배양을 할 때는 토분에서 키우고, 난초를 선물하거나 전시회에 출품할 때는 '전시분'에 난초를 심고, 작은 난초는 더 작은 미니 화분에 그리고 건강한 일반 난초는 토분에 배양하는 것을 기억하자.

풍란 화분을 모으는 것도 또 하나의 즐거움

풍란의 화분은 단순히 풍란을 잘 키우는 것을 넘어 부와 운을 담는 그릇이기 때문에 신경을 많이 써주어야 한다. 보기에만 멋진 것이 아니라 부와 운을 담으려는 목적으로 만들어진 화분도 있다. 일본의 스루가와야마쇼 화분이 대표적이다.

스루가와 야마쇼 화분들을 보면 용과 도깨비, 독수리와 학, 거북이, 봉황 등이 새겨져 있다. 풍수의 4신인 청룡과 백호, 봉황과 현무(거북이)를 화분에 그려 명품 난초를 수호하도록 만들었다. 부와 운은 거두고, 고인 물은 쉽게 빠져나가게 하고, 액운과 귀신이 오지 못하도록 진을 친 것이다.

스루가와야마쇼 독수리와
도깨비 화분(왼쪽)과 용분(오른쪽)

　풍란을 모으는 것만큼이나 풍란의 화분(전시분)을 모으는 것도 컬렉터들에게는 매우 즐거운 일이다. 난초의 생김새에 맞춰 시대별 골동품 혹은 작가별로 때로는 스타일 별로 난초 화분을 모아 가는 재미도 난테크 취미 속의 또 하나의 취미가 된다.

흙이 아니다.
수태(水苔)에 심는다

보통 집에서 화초를 키울 때는 흙을 용토(用土)로 쓴다. 그러다 보니 화분에 화초를 심을 때 손에 흙이 묻고, 집 안에 흙먼지가 날린다. 또한 흙의 무게 때문에 화분이 좀 크면 너무 무거워져 화초를 심고 옮기는 과정에서 허리와 손목에 무리가 가기도 한다.

    풍란(부귀란)은 다르다. 풍란은 흙이 아닌 수태(水苔)를 용토로 사용한다. 수태는 건조시킨 물 이끼여서 흙처럼 먼지를 날릴 일도 없고, 아주 가볍다. 수태를 사용해 흙을 만지지 않아도 된다는 것이 풍란(부귀란)의 최대 장점이라고 할 수 있다.

좋은 수태(水苔) 고르기

짧은 수태는 방석을 만드는 데 사용하면 좋다.

수태는 자연 상태의 물이끼를 세척 및 건조하여 만든 원예 재료로, 풍란(부귀란) 외에도 식물을 여러 가지 동물 모양으로 자르고 다듬어 보기 좋게 만드는 토피어리를 제작하거나 테라리엄, 베고니아 등의 식물을 키울 때 사용한다. 혹은 파충류와 거북이 알들을 부화시킬 때 부화장에서 쓰인다.

주로 뉴질랜드, 칠레 등지에서 생산되는 수태를 수입해 사용하는데, 건조한 상태에서 새 수태의 색깔은 백갈색에 가깝다. 수태는 그 어떤 소재보다 수분을 오래 머금을 수 있는 탁월한 식재(植材)이다. 물을 다량으로 함유할 수 있는 특수한 세포를 지니고 있기 때문에 체적의 80% 정도까지 물을 품을 수 있다. 이 중 50% 정도의 물이 풍란을 재배하는 데

분갈이를 완료한 구곡 금모단(왼쪽)과 금강관(오른쪽)

유용하게 이용될 수 있어 재배자 입장에서는 물을 너무 자주 주지 않아도 되므로 일손을 많이 덜게 된다.

풍란 입장에서도 수태가 부식을 억제할 수 있는 방식 작용을 하기 때문에 상처가 있는 뿌리 조직을 안전하게 치유할 수 있다는 장점이 있다. 뿐만 아니라 화학 비료에는 없는 다량의 미량 요소들이 있어 풍란이 자라는 데 큰 도움이 된다.

좋은 수태(水苔)는 길이가 치렁치렁하면서도 색깔이 흰색에 가깝다. 길이가 최소 20cm 이상이면서 당겼을 때 잘 끊어지지 않는 것이 좋다. 일반적으로 30cm 길이의 수태를 추천한다.

길이가 짧거나 끊어진 수태들도 쓰임새가 있다. 이런 수태들은 대개 풍란 분갈이를 할 때 앉을 수 있는 방석을 만드는 데 사용하면 된다. 풍란 방석 위에 풍란을 올리고 골라둔 긴 수태로 마무리하면 분갈이가 완성된다.

수태빵 쉽게 만드는 방법

처음 풍란을 키울 때 입문자들이 제일 어려워하는 것 중 하나가 '수태빵 만들기'이다. 흙이 시간이 지나면 영양분이 다 빠져나가 일정한 시간이 지나면 새 흙으로 갈아주어야 하듯이, 제 아무리 좋은 수태도 시간이 지나면 색이 변하고 선도가 떨어지기 때문에 분갈이를 해주어야 한다.

분갈이를 할 때는 제일 먼저 수태를 앉힐 수 있는 방석을 만들어야 한다. 이러한 방석을 수태망이라고 하는데, 재미있게 '수태빵'이라고 많이 부른다. 수태빵은 두께가 균일하게 만드는 것이 좋다. 저마다 수태빵 만드는 방법이 조금씩 다를 수 있는데, 누구나 쉽게 만들 수 있는 방법을 소개하면 다음과 같다.

수태빵 쉽게 만들기

① 긴 막대와 수태망이 필요하다. 막대는 플라스틱으로 된 것도 있고, 나무로 된 것도 있는데 어떤 것이든 상관없다.

② 손바닥만한 크기의 플라스틱 화분 받침대 두 개를 준비한다. 우선 받침대 하나를 놓고 그 위에 수태가 꽉 차게 골고루 놓는다. 이렇게 하면 수태가 어느 한 곳에 치우치지 않고 균일한 두께로 만들 수 있다. 수태를 꼭꼭 눌러주며 가득 채운다.

③ 준비해둔 다른 받침대를 수태를 채운 받침대 위에 놓고 꾹꾹 눌러준다.

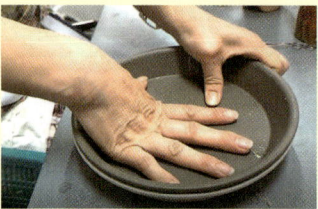

④ 단단하게 눌러 놓은 수태를 수태망 위에 씌운다. 이렇게 하면 모양이 예쁘게 잡혀 자를 것도 없고, 부스러기가 나올 일도, 밑으로 흘러 수태를 버릴 일도 없다.

⑤ 단단한 수태빵을 만들기 위해 수태 위에 비닐 모자를 씌우고 꼭꼭 눌러준다.

⑥ 수태빵을 다 만들었으면 조심스럽게 풍란을 그 위에 앉힌다.

⑦ 골라놓은 긴 수태로 정성껏 풍란 뿌리 위를 잘 감아준다.

풍란 잘 키우는
기본 배양법 4가지

소중한 멸종 1급 위기종이 된 풍란. 그래서 잘만 키우면 누구나 부자와 귀족이 된다고 하는 부귀란.

그 귀한 난초와 연을 맺게 되었다면 이제는 건강히 잘 키워야 한다. 이왕이면 남들이 부러워할 건강한 난초로 키우면 즐거움이 배가 된다.

난초를 건강하게 키우려면 핵심요소를 알고 기본에 충실해야 한다. 난초는 빛, 온도, 물, 바람이 필요한데, 이런 요소들을 잘 조절해 난초가 계절별로 난초가 가장 좋아하는 환경으로 만들어주는 것이 중요하다.

1. 빛, 직사광선과 장시간 노출은 피해야 한다

식물에게 빛은 없어서는 안 될 중요한 존재이다. 빛을 받아야 광합성 작용을 해 식물이 자라는 데 필요한 포도당을 만들 수 있기 때문이다. 풍란도 예외는 아니다. 다른 식물처럼 풍란 역시 빛이 필요한데, 조금 다른 것은 직사광선을 싫어하고, 너무 긴 시간 빛을 받는 것도 좋아하지 않는다는 것이다.

'난(蘭)'이라는 한자를 잘 보면 문(門) 안에 가릴 간(柬) 자가 있다. 문 안에서 가리면서 키우라는 의미인데, 이미 오래전부터 난초가 직사광선을 피하고 햇빛을 적당하게 가려야 한다는 것을 알았던 것 같기도 하다.

빛을 잘 받아 잎이 동글동글해져 가는 금모단

난초는 반 음지 식물로 부귀란은 50~70% 차광하고 키우는 것이 적절하다. 대개 난초를 키우는 사람들을 보면 사회적으로나 경제적으로 격이 있고, 여유가 있는 분들이 많다. 그런 분들은 대부분 야외에서 땡볕을 맞으며 육체적인 노동을 하지 않는다. 하루종일 장시간 일하지도 않는다.

난초가 딱 그렇다. 딱 필요한 만큼만 광합성 작용을 한다. 그러니 장시간 햇볕을 쬘 필요가 없다. 그렇다고 햇빛을 너무 가려 버리면 광합성이 부족해져 도장(잎이 길고 연해지는 것)되기 쉽다. 매일 5~6시간 정도면 충분하다.

햇빛이 부족한 곳에서는 LED 식물등 램프를 설치해 6,000~7,000 LUX로 하루 5~6시간 정도 꾸준히 잎에 비추도록 해주면 좋다. 광합성을 충분히 하면 난초가 튼튼해지고 빛이 난다. 새로운 촉을 실하고 굵게 만들며, 난초 잎 끝이 동글동글해지면서 환엽 형태로 변한다.

2. 온도, 낮과 밤의 적정온도가 다르다

빛 다음으로 중요한 것은 온도이다. 온도는 난초의 삶과 죽음 그리고 휴면을 결정한다. 풍란은 사계절 내내 자라는 것이 아니다. 성장을 멈추고 잠시 쉬는 기간이 있다. 즉, 겨울엔 추워서, 여름엔 너무 더워서 휴면한다.

사실, 일반 풍란은 야생에서도 잘 살던 난초들이다. 아주 오랜 세월에 걸쳐 자기 생육에 맞는 환경을 찾아 이동했던 난초들이기에 갑작스러운 온도변화만 아니라면 대체로 적응하며 생존해 간다. 추우면 추운대로, 더우면 더운대로 잘 견뎌내며 생명을 유지한다.

하지만 어렵게 구한 비싼 명품 난초를 야생 난 취급하며 너무 강하게 키우는 것은 지혜롭지 못하다. 사장님 대하듯이 난 집사가 되어야 한다. 너무 더울 때는 에어컨을 틀어 시원하게 해주고, 또 너무 추울 때는 난방기를 틀어 적당한 온도를 유지해 주는 것이 좋다.

배부르고 등 따시면 세상 부러울 것이 없다고 했다. 난초도 그렇다. 적당한 광합성으로 충분한 영양을 공급받고, 선선한 온도로 유지해주면 기분이 좋아 잘 자란다. 난초가 미모를 자랑할 수 있도록 잘 키우려면 난초가 좋아하는 온도로 맞춰주는 것이 중요하다.

K-풍란 삼광

낮에는 22도에서 28도 정도가 가장 좋다. 이 정도의 쾌적한 온도에서 광합성이 왕성하게 일어나기 때문이다. 특히 휴면 이후 성장이 시작되거나 뿌리가 나오는 시기에는 더 신경 써서 이 온도를 유지해 주면 쑥쑥 자라주고 예쁜 신아들도 출산하여 주인을 기쁘게 해준다.

밤에는 18~20도 정도로 유지해주는 것이 좋다. 낮과 밤의 일교차가 10~15도 정도 나는 것이 이상적이다. 온도 차이가 나야 난초의 면역력이 좋아진다.

최근에는 자동으로 온도가 조절되는 가두리 난실에서 난초를 키우는 사람들이 늘어나는 추세지만 집안 베란다에서 키우는 분들도 있다. 베란다에서 키우면 적정 온도로 맞춰주는 것이 어려운데, 다행히 자동으로 온도를 감지해주는 센서가 있다. 적정 온도를 세팅한 센서를 부착해 놓으면 자동으로 온도가 조절되어 냉난방기가 가동되니 난 키우기가 수월해졌다.

난초 키우기가 어렵다고 하지만 사실은 조금만 신경 써서 좋은 환경을 구축해 놓으면 초보자들도 난초를 잘 키울 수 있다. 좋은 환경을 만드는 일은 좋은 종자를 구하고, 배양을 잘하는 것 못지않게 중요하다. 아무리 종자가 좋고 난초 배양 기술이 뛰어나도 환경이 좋지 않으면 사상누각이 되고 만다.

3. 풍란 관습법, 계절에 따라 다르다

풍란(부귀란)은 항상 물에 젖어 있는 것이 싫어 나무 위 혹은 절벽 위로 삶의 터전을 옮긴 난초이다. 과습으로 뿌리가 축축한 것을 싫어하므로 물을 자주, 많이 주는 것은 오히려 좋지 않을 수 있다.

계절에 따라 다르기는 하지만 보통 주 2회 정도 물을 주는 것이 좋다. 다만 물을 줄 때 화분의 배수가 잘 되는지, 수태가 바싹 말라 있는지 확인한 후 주는 것이 좋다. 뿌리가 어느 정도 바싹 마른 후 물을 주고, 이왕이면 난초가 빨리 물을 금방 흡수할 만큼만 주는 것이 좋다. 그래서 작은 난초는 미니 화분에, 큰 난초는 큰 화분에 심어 관수량을 적절히 조절해주어야 한다.

난초의 생육기(3~5월)에는 물을 흠뻑, 자주 주는 것이 좋다. 이 시기에는 뿌리의 생장점이 움직이기 시작하며 본격적으로 생육을 해야 하므로 많은 수분을 필요로 한다.

난초가 건강하고 촉수가 많고 뿌리가 많으면 상대적으로 물을 더 많이 줘야 한다. 대가족에게 소가족 먹을 만큼만 식수를 공급하면 어떻게 되겠는가?

반면 뿌리가 약하거나 뿌리 개수가 적은 난초는 물을 많이 주기보다는 약간 부족한 듯 주는 것이 좋다. 난초는 뿌리로 물과 영양을 흡수해 잎에 공급

수태가 바싹 말랐을 때 물을 준다.

하는데, 당일 필요한 양 이상으로 과잉되면 과습으로 인해 오히려 세균과 곰팡이들에게 공격을 당할 수도 있기 때문이다.

흔히 난초를 키우는 데 물주기 3년이라는 말이 있다. 그만큼 난초를 배양하는 데 있어서 물주기가 중요하고, 물을 잘 주는 법을 배우기도 어렵다.

뿌리가 상하면 난초는 결국 사망한다. 특히 애지중지 키우는 난초들의 경우 과습으로 죽는 경우가 많다. 너무 사랑해서 물을 너무 많이 준 탓이다.

물을 많이 주면 난초가 죽어버리고, 안 줘도 죽어버린다. 적당히 줘야 한다. 사람도 맛있다고 너무 많이 먹으면 과식으로 탈이 나고, 맛없다고 안 먹어도 갈증과 탈수로 탈이 나지 않던가. 항상 계절에 맞게, 난의 상태에 맞게 적당히 물을 주어야 난초를 건강하고 윤택하게 키울 수 있다.

풍란은 낮에는 기공을 닫고 광합성에만 집중한다. 따라서 해가 져서 기공이 열리는 저녁에 물을 주는 것이 좋다.

4. 바람, 잔잔한 미풍이 통풍을 돕는다

풍란이라는 난초는 이름에 풍(風)이 들어가 있듯이 바람의 역할이 매우 중요하다. 풍란을 건강하게 키우기 위해서 기분 좋게 살랑살랑 부는 아주 잔잔한 미풍이 필요하다.

풍란은 뿌리가 물기에 너무 오랫동안 노출되는 것을 좋아하지 않는데, 바람이 통하면 과습을 막아줄 수 있다. 또한 통풍이 잘되면 뿌리가 건강하게 자라 곰팡이나 세균성 및 병해를 막는 것도 가능하다.

고온다습한 6~8월에는 바람의 역할이 더욱 중요하다. 덥고 습한 여름에는 물을 주면 잘 마르지 않을 수 있는데, 화분 밑에서 선풍기를 틀어 살랑살랑 바람이 불면 뿌리가 빨리 마를 수 있다.

또한 풍란은 열대성 식물이어서 따뜻한 환경을 좋아한다. 하지만 공기가 정체되어 있으면 온도가 과도하게 올라 난초가 물러지는 염부 현상이 발생할 수 있는데, 적절한 바람은 주변 공기를 순환시켜 온도를 조절하고 식물의 스트레스를 줄여 광합성량이 늘어나는 데 도움을 준다.

풍란은 흔히 습을 먹고 자란다는 말이 있다. 공기 중의 수분을 흡수하는 능력이 뛰어나기 때문에 살랑살랑 미풍이 불어 공기가 순환하면 수분을 더 잘 흡수한다. 그렇지만 너무 건조한 환경에서 바람이 지나치게 강하면 오히려 수분이 빠르게 증발하여 난초가 거칠어지고 뾰족해질 수 있다. 이처럼 필요 이상의 바람은 오히려 독이 될 수 있으므로 바람도 잘 관리해야 한다.

꼭 필요한 햇빛, 물, 온도, 바람(습도)은 난초를 키우는 분들에게 매일 숙제를 주는 것 같다. 이 요소들은 풍란을 키우는 데 꼭 필요한 요소들이지만 4계절 환경이 급변하는 우리나라에서는 절대적인 수치를 제공하기 어렵다. 또한 난초마다 상태가 다르므로 제조업체처럼 정확한 매뉴얼을 제공하기는 불가능하다.

가장 좋은 것은 주기적으로 잎과 뿌리 상태를 점검하고, 난초를 세심하게 살피며 무엇을 원하는지 묻고 알아차려 난초가 가장 좋아하는 환경을 만들어주는 것이다.

난초에게 필요한 요소를 '적절히, 알맞게' 제공해주려고 노력해야 한다. 난초와 잘 소통하며 리듬을 맞춰가다 보면 자연스럽게 난초가 무엇인지를 알게 되고, 어떻게 키워야 하는지 풍란(부귀란)이 우리에게 지혜를 준다.

풍란을 한다는 것은 난초를 키우는 것이 아니라 지혜를 키워가는 무한의 여행임을 잊지 말아야 한다. 난초를 잘 키우면 멋진 꽃과 신아와 무늬로 보답하고, 난초를 잘 키우면 부와 명성이 뒤따라오게 되며, 그것으로 자연의 아름다움과 함께 하는 영혼의 힐링 시간을 만끽하게 될 것이다.

과유불급, 욕심이 과하면 독이 된다

풍란은 아주 천천히 자라는 난초이다. 그런데 풍란을 키우다 보면 아무래도 좀 더 빨리, 좀 더 크게 키우고 싶은 욕심이 생기기 마련이다. 그래서 빨리 자라라고 물을 많이 주고, 햇볕도 오래, 많이 쪼여주고, 비료도 많이 주는 분들이 많은데, 과유불급(過猶不及)이다. 너무 과하면 오히려 풍란에게 독이 되는 경우가 많다.

너무 욕심을 내면 본예를 잃거나 잎이 망가져버리거나 뿌리가 비정상적으로 굵어져서 보기에 부담스러워질 수 있다. 잘 키우려다 오히려 난초의 가치를 떨어뜨리는 것이다. 그래서 난초를 키울 때는 남들보다 조금 못 키우거나 조금 느리더라도 솔직하고 정직하게, 과욕을 부리지 않고 키우는 것이 좋다. 욕심의 크기를 정하고 그 선을 넘지 않도록 경계해야 한다.

누가 명품에 흠집냈어?
병충해 대응법

사람도 살다 보면 자잘한 감기나 배탈, 설사, 두통 등 병치레를 한다. 또 더운 여름에는 모기와 벌, 진드기 등 해충들에게 쏘이거나 물려서 괴로움을 당할 때가 있다. 난초도 다르지 않다. 아니, 거의 모든 식물이 병충해에 시달릴 수 있음을 항상 염두에 두어야 한다.

풍란도 기온이 급변하면 몸살을 앓고, 여름이 오면 세균과 해충에 공격을 당할 수 있다. 사람이야 병원에 가고 또 충분한 휴식을 취하면서 적극적으로 컨디션을 끌어올리면 되지만 스스로 움직이지 못하는 난초는 다르다. 애지중지 키우는 풍란(부귀란)이 병에 걸리거나 벌레가 생기면 키우는 사람이 잘 대응해 회복시켜주어야 한다. 상황별로 적절한 대응을 해주어야 풍란을 건강하게 키울 수 있고, 병충해가 미치는 피해를 최소화할 수 있다.

그을음병을 일으키는 깍지벌레(Scale Insects) 없애기

풍란을 위협하는 가장 해로운 벌레 중 하나가 깍지벌레이다. 이 벌레는 풍란뿐만 아니라 다른 식물에서도 많이 나타나는 골치 아픈 해충이다. 깍지벌레는 풍란의 잎과 줄기에 작은 갈색이나 흰색의 딱딱한 덩어리들을 만드는데, 이들은 식물의 수액을 빨아 먹어 식물을 약하게 만든다.

깍지벌레는 과습 혹은 너무 건조할 때 잘 생긴다. 환기가 안 돼 축축할 때 생겨서 건조해지면 잎과 줄기로 올라온다. 미세한 가루 같은 게 덮여 있어서 난초의 액을 쪽쪽 빨아먹어 식물이 자라는 걸 방해하고 죽게 만드는 것이 특징이다. 또한 깍지벌레는 끈끈한 물질을 내뱉는데, 이 끈끈한 물질이 화초, 식물의 열매, 난초의 천엽(새롭게 자라 올라오는 잎) 등의 겉면에 검은 그을음을 만든다.

깍지벌레를 없애는 방법은 여러 가지가 있다. 우선 면봉이나 칫솔을 이용해 긁어내고, 감염된 부위를 깨끗이 씻는다. 이 방법으로 해결되지 않으면 면봉에 알코올을 묻혀 벌레를 문질러 제거한다. 그래도 안 되면 최후의 수단으로 깍지벌레에 효과적인 살충제를 뿌린다. 살충제는 비오킬, 노깍노진, 깍자바 등이 있다.

깍지벌레를 퇴치할 수 있는 방법이 있지만 애초부터 생기지 않도록 예방하는 것이 최선이다. 예방법은 어렵지 않다. 계피를 끓여 월 1회 정도 분무해 주면 천연으로 살충·살균이 되어 좋다

단단한 껍질을 가진 개각충 대응하기

개각충도 깍지벌레 못지않게 난초를 포함한 다양한 식물에 피해를 줄 수 있는 해충이다. 주로 잎과 줄기에서 많이 발견된다. 개각충은 달팽이 껍질을 뒤집어쓴 것처럼 표면이 단단하다. 식물의 표면에 붙어서 수액을 빨아 먹어 식물을 약하게 만든다.

개각충이 생기면 잎과 줄기에 갈색이나 검은색의 작은 반점이 나타난다. 이 반점은 개각충이 식물의 수액을 빨아먹은 자국들이다.

잎이 노랗게 변하거나 시들어 떨어지는 것도 개각충이 생겼을 때 나타나는 증상이다. 또한 식물이 충분한 영양을 얻지 못해 성장 속도가 느려지거나 새로운 잎과 꽃이 제대로 생기지 않을 수도 있다. 개각충의 배설물로 잎에 끈적거리는 물질(꿀물)이 생기기도 한다. 이 물질은 곰팡이성 질병(그을음병)을 유발할 수도 있다.

개각충을 없애는 방법은 여러 가지다. 우선 작은 개각충은 손으로 직접 제거할 수 있다. 면봉이나 칫솔을 사용해 개각충을 문질러 떨어뜨리면 된다. 면봉에 70% 농도의 알코올을 묻혀 개각충에 직접 바르면 껍질이 부식되면서 떨어져나갈 수 있다. 잎 전체에 뿌리기보다는 개각충이 있는 부위에만 사용하는

것이 좋다.

오일 기반의 살충제를 사용하는 것도 방법이다. 오일이나 정제된 광유[10]를 사용하면 개각충의 호흡을 차단하여 제거할 수 있다. 이러한 오일은 천연 성분으로 상대적으로 안전하며, 개각충을 포함한 다양한 해충에 효과적이다. 살충제를 1~2주 간격으로 정기적으로 뿌려주면 개각충이 생기고 재발하는 것을 방지할 수 있다.

개각충이 생기지 않게 하려면 환경 관리에 신경 써야 한다. 식물을 주기적으로 살펴 개각충을 조기에 발견하고 대응할 수 있도록 노력하는 것이 중요하다. 또한 화분과 주변 환경을 깨끗하게 유지하고, 통풍이 잘 되도록 하면 개각충을 비롯한 각종 해충들을 예방할 수 있다. 개각충을 비롯한 해충들은 공기가 정체된 환경에서 잘 번식하기 때문이다. 계피를 끓여 계피수를 만든 후 난초와 난실 바닥 등에 뿌려주면 살균과 살충 효과가 있다.

뿌리썩음병(Root Rot) 치료하기

풍란을 키울 때 자주 생기는 병 중 하나가 뿌리썩음병이다. 이 병은 물을 너무 많이 주거나 배수가 잘 안 될 때 생기기 쉽다. 피티움(Pythium), 파이토프토라(Phytophthora), 리조크토니아(Rhizoctonia)와 같은 곰팡이성 병원균도 뿌리썩음병의 원인이 될 수 있다. 이러한 병원균은 고온 다습한 환경에서 잘 번식한다. 어떤 원인에서 발생했든 뿌리썩음병을 빨리 발견하고 적절히 대응하지 않으면 난초 전체가 죽을 수도 있다.

뿌리썩음병이 생기면 뿌리가 검게 변하면서 물러진다. 보통 건강한 난초 뿌리는 흰색인데, 썩기 시작하면 색감이 탁해지며 갈색 또는 검은색으로 변한

---

10 석유를 정제해서 만든 기름으로, 주로 기계나 자동차가 부드럽게 움직이게 하는데 사용된다.

다. 또한 뿌리가 썩으면 손으로 잡았을 때 쉽게 으스러질 수 있을 정도로 부드럽고 물렁해진다. 종종 불쾌한 냄새가 나기도 한다.

뿌리뿐만 아니라 잎에도 증상이 나타난다. 뿌리가 썩으면 잎이 시들거나 노랗게 변할 수 있다. 이는 뿌리가 기능을 상실하면서 식물이 영양분을 제대로 흡수하지 못하기 때문에 나타나는 현상이다.

뿌리썩음병을 예방하려면 물을 적절하게 주어야 한다. 과습 상태에서는 화분 속의 뿌리가 숨을 쉬지 못해 뿌리가 상하기 쉽다. 왜냐하면 난초 화분이 너무 빽빽하거나 공기층이 없어 과습 상태가 유지되면 혐기성 미생물[11]이 증식하게 되기 때문이다. 혐기성 미생물은 부패에 관여해 멀쩡한 뿌리를 썩게 하고, 점차 잎까지 무너지게 만든다. 따라서 물을 줄 때는 화분의 수태가 거의 마를 때까지 기다렸다 주는 것이 좋다. 물을 준 후에는 화분 아래에 물이 고이지 않도록 해야 한다.

통풍이 잘 되는 화분을 사용하는 것도 중요하다. 화분 바닥에 배수 구멍이 충분히 있는지도 꼭 확인한다. 습도는 50~70% 정도로 유지하고, 환기가 잘 되도록 주의한다. 너무 습도가 높으면 곰팡이성 병원균이 번식하기 쉽다.

뿌리가 썩으면 갈색이나 검은색으로 변하고 물렁해진다.

---

11 산소가 존재하지 않는 상태를 혐기성(anaerobic)이라 하고 혐기성 상태에서 생존하는 미생물을 '혐기성 미생물'이라 한다.

이런 노력에도 뿌리썩음병이 생겼다면 당연히 치료해주어야 한다. 치료 과정은 다음과 같다.

1. 뿌리 상태를 확인한다.

   먼저 화분에서 난초를 꺼내 뿌리 상태를 확인한다. 썩은 뿌리는 갈색이나 검은색으로 변하고, 물렁한 느낌이 든다.

2. 썩은 뿌리를 제거한다.

   깨끗하고 날카로운 가위나 칼을 사용해 썩은 뿌리를 잘라낸다. 도구는 사용 전후에 소독해야 병원균이 퍼지는 것을 방지할 수 있다.

4. 뿌리를 세척한다.

   썩은 뿌리를 잘라낸 후 남은 건강한 뿌리를 소독제로 세척한다. 일반적으로 3% 농도의 과산화수소를 사용해 뿌리를 소독하면 병원균을 제거하는 데 도움이 된다.

5. 살균제를 사용한다.

   곰팡이성 병원균에 의해 뿌리썩음병이 발생한 경우, 살균제를 사용해 남아 있는 병원균을 제거할 수 있다. 화학적 살균제를 사용할 때는 제품 설명서를 참조해 안전하게 사용한다.

6. 회복할 충분한 시간을 준다.

   썩은 뿌리를 잘라내고 깨끗하게 세척, 소독했다고 끝이 아니다. 치료 후에는 식물이 충분히 쉴 수 있도록 신중하게 물을 주고, 환경 관리를 해주어야 한다. 병이 나았어도 충분히 회복할 시간을 주어야 풍란이 빨리 건강해질 수 있다.

잘 키운 난초
어디서, 어떻게 판매할까?

난테크를 한다는 것은 난초를 잘 키워 수익을 창출하는 것이다. 그러려면 난초를 팔아야 히는데, 어디서, 어떻게 판매하는 것인지 궁금해하는 사람들이 많다.

풍란(부귀란)을 잘 키웠을 때 판매할 수 있는 경로와 가격이 책정되는 원리를 이해하면 난테크를 하는 데 도움이 될 것이다.

난초 상점부터, 경매까지 판매 경로는 다양하다

국내에는 약 40~50개의 난초 상점이 있으며, 난실 하우스나 베란다에서 난초를 키워 사업을 하는 사람 혹은 식물재배업을 등록한 개인 및 사업체까지 약 100인 이상의 상인들이 개업하고, 점포 수가 점점 늘어나는 추세이다. 개개인이 블로그 및 SNS를 통하여 난초 정보를 교류하며 난초를 사고파는 사람도 많다. 부귀란 난초 애호가는 국내에 약 2만 명 이상 되는 것으로 추정된다.

난초를 사고 팔 수 있는 상점과 카페

구분	이름	전화번호	온라인 주소
난초상점	금란정	010-3095-5255	https://goldranjung.com/
	나야풍란원	010-3022-1530	https://www.nayapung.com/
	대평난원	010-7502-3379	https://pungnan.pe.kr
	돌풍란원	010-9331-5989	https://www.dolpoong.com/
	바람풍란원	043-288-0440/ 010-7119-7267	https://www.barampung.com/
	보석난원	010-2712-6600	https://rubypungnan.com/
	연리지	032-566-3567 010-4748-3715	https://www.yenriji.com/
	오늘도풍란	010-2557-5666	https://todaypungnan.com/
	우리풍란정	042-824-1255 / 010-9901-2501	https://www.wooriran.co.kr/
	일향	010-2646-4485	http://1hyang.com/
	정란사	010-5896-5000	https://www.poongnan.co.kr/
	춘풍난원	031-261-6438 010-5266-6012	http://www.chunpoong.com/
	풍란촌	010-2420-7800/ 010-6429-7800	https://www.nanshop.com/
	해풍원	010-3885-2370	https://haepung.net
풍란 관련 카페/밴드/ 유튜브	난초TV		https://www.youtube.com/@TV-st5cc
	부자되는 귀한 난초 부귀란 밴드		https://www.band.us/@orchid
	풍린과 석곡사이(풍석사)		https://cafe.naver.com/1000pung
	풍란과 아름다운 사람들(풍미인)		https://cafe.naver.com/ipds700
	풍란에 빠진 사람들의 모임(풍빠모)		https://pungnan.com/

상인들은 신상품이나 판매할 난초가 생기면 '풍란에 빠진 사람들의 모임(풍빠모)' 사이트에 올려 광고를 하거나 네이버 카페 '풍란과 석곡 사이(풍석사)'나 '풍미인(풍란과 아름다운 사람들)' 등에서 판매나 경매를 한다. '부자되는 귀한 난초 부귀란 밴드'와 '난초TV' 유튜브 등에서 난초를 경매, 판매하는 것도 활성화되고 있다.

난초 가격은 시장의 인기와 수요에 따라 결정되는데, 유행하는 난초들은 인기가 높아지고, 증식이 되거나 한 번씩 키워본 난초들은 매물로 내놓아 가격이 안정되거나 하락하기도 한다. 그렇게 시장의 수요와 공급에 맞게 난초 판매자와 전문점에서 책정한 가격을 따르거나 희소성이나 특별한 예에 따라 가격을 올리거나 할인하여 쉽게 판매될 수 있도록 유도한다.

파는 사람도, 사는 사람도 행복한 경매

난을 키우는 현장에서 즉석 경매가 이루어지기도 한다.

부귀란의 매력 중 하나가 현장에 모인 동호인끼리 즉석에서 경매가 이루어지기도 한다는 것이다. 많은 사람이 사고 싶어 하는 난초들을 현장에서 분갈이하거나 이벤트를 열어 경매를 진행한다. 그것을 구경하는 재미도 꿀맛이고, 난초를 판매한 사람은 돈이 생겨 좋고, 낙찰 받은 사람은 키우고 싶은 난을 현장에서 즉시 얻을 수 있어 좋다.

모단회, 루비회 등
여러 난초협회가 공동 주최해
열린 경매 현장

한국에서만 경매가 이루어지는 것은 아니다. 우리나라 난초 상인들은 일본의 부귀란 경매 현장에도 많이 찾아간다. 일본 경매 현장에서는 난초에 얽힌 히스토리도 재미있게 들려주어 도움이 되고, 좋은 난초를 살 수도 있어 인기가 많다.

일본의 부귀란 경매 현장

난초의 가치와 가격은
어떻게 책정될까?

부귀란은 일반 풍란에 비해 가격이 훨씬 비싸다. 조그마한 난초 하나 가격이 왜 그렇게 비싼 것일까? 초보자의 눈에는 비슷해 보이는데, 어떤 난초는 100만 원이 채 안 되고, 어떤 난초는 1천만 원을 호가한다. 마치 도깨비 시장처럼 느껴지기도 한다.

태어나자마자 K-풍란 최고가를 갱신한 웅비

하지만 부귀란의 가치와 가격은 아무렇게나 매겨지는 것이 아니다. 부귀란은 뿌리, 축(허리), 붙음매, 잎의 형태와 무늬, 꽃 등 감상 포인트가 많다. 각 포인트별로 특색이 두드러지면 두드러질수록 가치가 높아진다. 각각의 특색을 사람들이 선호하는 감상 포인트별로 객관적인 점수를 매겨 놓고, 감상 포인트별로 엄격한 잣대로 가치를 평가한다. 이런 명확한 기준이 있기 때문에 누구나 인정할 수 있는 가치와 가격이 형성될 수 있다.

월생관을 생산해내는 흑모단 호 혈통

촉수, 난초의 크기, 혈통도 가격을 결정하는 중요한 요소이다. 잎의 무늬도

금모단, 백모단, 흑모단의 모든 예를 보여주는 난초, 월생관

가격에 영향을 미친다. 잎의 무늬는 자라면서 변화하기도 하는데, 무늬가 변하면 가격이 크게 달라지기도 한다. [12][13]

부귀란 예의 점수와 진화의 차원도 및 가격

흔하게 볼 수 있는 것은 가치가 없다. 흔한 원래의 모습에서 돌연변이를 일으켜 감상할 만한 가치가 있는 것을 '예'라고 한다. 예는 잎 크기, 잎 무늬, 잎 유형, 촉, 뿌리, 꽃으로 구분해 점수를 매긴다. 잘 일어나기 힘든 변이일수록 점수가 높다.

예를 들어 잎의 크기에서는 장엽을 기본 1점으로 하고, 작아질수록 1점씩 더 추가해 두엽은 5점, 미엽은 6점으로 상대적 가치의 우월 개념을 도입했다.

잎 크기		잎 무늬		잎 유형		촉, 뿌리, 꽃		감점요소	
장엽	1	무지	0	입엽	1	청촉	1	세엽(가는 잎)	-1
중엽	2	산반, 호반	1	희엽	1	적반	1	휘엽(휘는 잎)	-1
중단엽	3	운[12], 리사지[13], 묵	1	광엽	2	부변이	1	만곡엽	-1
단엽	4	서반	2	후육	2	색화	1	쑥산반(부악피)	-2
두엽	5	설백	2			청근	2	타는 복륜	-2
미엽	6	참빗살	2			요반	2	검은 반점	-2
		호	3			홍촉	3	시든 하엽	-2
		복륜	4			루비근	4	실생	-2
		중투중반	5					상처	-3
		삼광중반	6					뿌리 이상	-5
								조직배양	-5
								유령	총점의 1/2

난초의 잎 점수와 감점요소

---

12 흐릿하게 번진 듯한, 구름처럼 뿌연 느낌의 무늬
13 잎의 표면이 작은 요철로 거칠어 광택이 없는 것.

잎 무늬 예에서도 무지는 기본 0점으로 하고, 산반호 및 호반이 들어가면 1점, 서반이 들어가면 2점, 호가 들어가면 3점인데 그 호가 참빗살호면 2점, 최고의 무늬라 칭하는 삼광중반은 6점을 주는 식이다.

감점 요인도 있다. 예를 들어 잎이 너무 가늘다거나 검은 반점이 있거나 실생이 되면 가치가 떨어진다.

난초의 점수를 내려면 일단 각 항목별로 채점을 한다. 잎의 크기가 어디에 해당하는지, 잎의 무늬는 무엇인지, 앞의 유형과 축, 뿌리, 꽃을 살펴보고 각각 해당하는 점수를 더한다. 그런 다음 난초의 단점으로 작용하는 감점요소를 더하면 총점이 나온다. 이 총점을 기준으로 난초의 차원과 대략의 가격대를 가늠해볼 수 있다.

차원	1차원	2차원	3차원	4차원	5차원	6차원
점수	5점	7점	10점	15점	18점	20점
가격	1만 원	10만 원	100만 원	1천만 원	1억 원	10억 원

난초의 차원표

'난초의 차원표'를 보면 난초의 차원이 한 단계씩 뛸 때마다 가격이 급등한다는 것을 알 수 있다. 차원이 높다는 것은 예가 다양해 점수가 높다는 것이다. 난초가 어떻게 차원이 높아지는지를 이해하고, 고차원의 최고 종자를 선택해 건강하고 아름다운 난초로 키워 최고의 작품을 만든다면 애란인으로서 그것만큼 짜릿하고 행복한 일도 없을 것이다.

차원표에 따른 가격 책정 사례

처음에는 난초 잎 점수표가 없으면 난초의 점수를 매기기가 힘들 것이다. 하지만 풍란을 키우면서 관찰하다 보면 자연스럽게 원예적 가치를 높여주는 포인트들이 눈에 들어오고, 풍란의 가치를 짐작할 수 있다. 몇 가지 품종을 함께 보면서 가격을 알아보자.

1) 5예의 금모단 가격

오랫동안 꾸준히 사랑받는 금모단이란 난초이다. 잎의 크기는 중단엽(3점)이고, 잎의 무늬는 서반(2점)이면서 묵(1점)이 들어있다. 잎의 유형은 입엽(1점)이고, 뿌리는 루비근(4점)이고, 감점 요인은 없어 총점은 11점이다. 11점이면 3차원과 4차원 사이이고, 5가지의 예를 가진 5예품이어서 최소 가격이 100만 원 이상이고, 최대 1천만 원까지 바라볼 수 있다.

꾸준히 사랑받는 금모단

2) 8예의 4차원 본비 가격

부귀란 중 최고봉이라는 '본비'는 보통 8예를 가진 난초로, 아직 그 이상의 예를 가진 난초가 없다. 그래서 수백 년 동안 촉당 가격이 가장 높은 부귀란으로 존재했다.

8예를 갖춘 본비

본비의 8예는 호반, 서반, 요반, 중단엽, 묵, 중반, 루비근, 운이다. 이것을 합산해 보면 중단엽 3점, 호반 1점, 서반 2점, 요반 2점, 묵 1점, 중반 5점, 루비근 3점, 운 1점으로 총 17점이 나온다.

17점이면 난초의 차원표에서 4차원 15점과 5차원 18점 사이에 해당한다. 난초 가격이 한 촉에 1천만 원 이상~1억 원 이하 구간에 위치하니 최소 수천만 원 정도의 가치를 지녔다고 보면 된다.

3) 명품 K-풍란, 탄성

보기만 해도 탄성이 나올 정도로 예뻐 '탄성'이란 이름이 붙은 K-풍란의 가격을 책정해보자. 잎 크기는 미엽(6점)이고, 설백(2점)의 복륜(4점)이다. 잎의 유형은 광엽(2점)인데다 잎이 두꺼운 후육(2점)이다. 여기에 홍외[14] 점을 더하면 총 17점이 된다. 앞의 본비와 총점이 같다. 17점이면 4차원과 5차원 사이이니 역시 본비와 같이 1천만 원 이상~1억 원 이하에서 가격이 책정될 수 있다.

K-풍란 탄성

몇 가지 가격 책정 예를 살펴보았다. 물론 이것이 정확한 것은 아니지만 난초에 대한 형식과 형태 그리고 크기와 특성을 파악하여 점수를 합산하여 차원을 이해하고, 예가 많을수록 난초의 차원이 높아지고, 그 차원에 따라 가격대가 성립된다는 것만 이해해도 풍란과 부귀란을 이해하고 예를 논하는 데 넓은 시야와 탁견을 얻게 될 것이다.

난초의 크기와 촉수, 무늬, 혈통도 가격에 영향을 미친다

난초의 가격은 일반적으로 종자의 가치(명품 종자), 인기도, 혈통, 희소성을 종

---

14 무늬 안에 안토시안 색소가 강하게 나타나는 상태

합적으로 고려해 책정된다. 현재 가장 인기가 높은 풍란(부귀란)은 두엽류와 금모단, 흑모단, 백모단 등의 모단류이다.

풍란의 가격은 종류에 따라 차이가 있다. 따라서 난테크를 염두에 두고 있다면 난초를 선택할 때 주식 종목을 선택하는 것처럼 신중해야 한다. 주변 시세에 대한 정보와 인기도를 살펴야 하고, 어떤 종류의 난초가 유행인지도 관심을 가질 필요가 있다.

또한 같은 종류의 난초라 해도 가격이 다르다. 기본적으로는 난초의 크기와 촉수 그리고 혈통에 따라 가격이 달라진다. 일반적으로 촉수가 많고, 크기가 클수록 가격이 비싸진다. 상징성이 있거나 유명한 사람이 키웠다든가 종자가 좋기로 소문난 브랜드 난초들 역시 프리미엄이 붙어 비싼 값에 거래된다.

풍란은 시간이 갈수록 진화하기 때문에 진화도에 따라서 가격이 급등하거나 급락하기도 한다. 진화를 한다는 것은 잎의 무늬가 바뀌는 것인데, 대개 무지→복륜→대복륜→삼광중반→역삼광중반→중투 순으로 가격이 비싸진다. 무지가 10이라면 복륜은 50, 대복륜은 100, 삼광중반은 300, 역삼광중반은 500, 중투는 1,000이다. 잎 전체가 노랗게 변한 유령은 0이다. 즉 무늬가 변함에 따라 무지인 10이 중투인 1,000이 되기도 하고, 거꾸로 1,000이 0이 되기도 한다. 하지만 유령이 되어 0이 될 확률보다는 1,000을 향해 질주할 확률이 훨씬 높다.

이처럼 분명한 기준에 의해 난초 가격이 책정되지만 공장에서 일률적으로 찍어내는 제조품이 아니기 때문에 기준에 의해 평가하기 어려운 난초들이 등장하기도 한다. 난초 자체로 특별할 수도 있고, 변이된 형태가 기존의 진화도를 따르지 않은 새로운 형태 혹은 세상에 하나밖에 없는 멋진 디자인의 난초라면 판매자가 임의로 가격을 정하기도 한다.

난테크를 목적으로 풍란(부귀란)을 키우는 분들이라면 가격에 민감할 수밖에 없다. 합리적인 가격에 난초를 사고 싶어 하는 것은 물론이고, 키웠을 때 얼

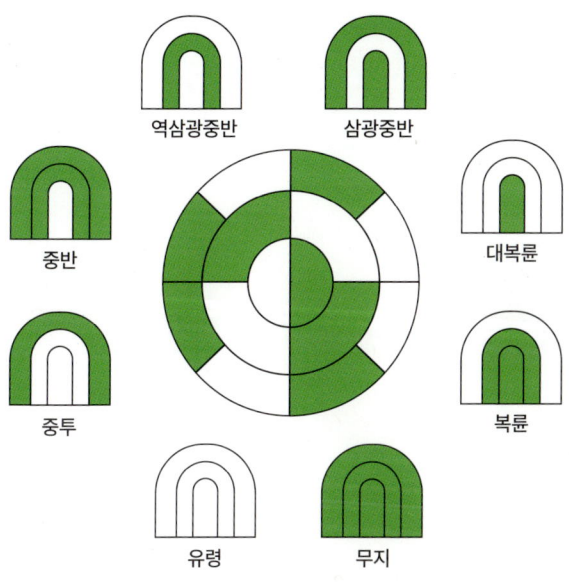

무늬의 변화. 대개 무지에서 시계반대 방향으로 시계 반대방향으로 진화가 진행된다.

마만큼 가격이 상승할 수 있을지에 대해서도 관심을 갖기 마련이다. 또한 누군가가 난초의 가격을 억지로 올린다든지, 품종을 속이거나 수량을 속이고 장난을 쳐서 낭패를 보지 않을까 걱정하기도 한다.

난초의 시세는 엄청 자유롭게 움직일 것 같지만 그렇지 않다. 일단 일본부귀란협회의 명감을 근거로 대한민국풍란연합회와 그리고 24년도에 새롭게 창립한 한국부귀란협회 등의 감시 아래 수십 개의 풍란 상인들의 가격 경쟁과 또 각종 동호회 카페와 유튜브 등을 통한 정보교류로 시세가 형성되고 있다.

또한 전국적으로 현장에서 실시간으로 경매되는 사례가 많기 때문에 누군가가 임의로 가격을 놓고 장난을 치면 금방 소문이 나고 곧 도태될 수밖에 없다. 시장에서 신뢰를 잃으면 또다시 영업하기 어렵기 때문에 속아서 비싸게 난초를 구입하거나 열심히 키운 난초를 제 가격을 받고 팔지 못할까 걱정하지 않아도 된다.

취미와 자산을 농사짓는 도시농부의 평생 취미·평생·소득 전략

PART

4

종자전쟁에서
디자인 전쟁으로,
한국을 넘어 중국으로!

유니크한 난초를 만들려면
종자혈통과 환경이 중요하다

'농부아사침궐종자(農夫餓死枕厥種子)'라는 말이 있다. '농부(農夫)는 굶어 죽더라도 그 종자(種子)를 베고 죽는다'는 뜻으로, 죽는 한이 있더라도 종자(種子)만은 꼭 보관(保管)한다는 의미이다.

풍란 난테크를 할 때도 이 말은 여전히 유효하다. 풍란을 키울 때도 종자 선별이 매우 중요하며 잘 지켜야 한다. 흔히 노래를 잘 부르려면 '공기 반, 소리 반'이어야 한다고 하는데, 난초도 명품을 만들어내려면 공기 반, 소리 반처럼 '혈통 반, 환경 반'이 제공되어야 한다. 따라서 난초를 구매할 때 이왕이면 좋은 혈통을 가진 난초를 기억한 후 상대적으로 값을 더 치르고, 줄을 서서라도 검증된 혈통의 난초를 구입하는 것이 좋다.

좋은 혈통만으로는 부족하다. 주식도 좋은 종목을 골랐다고 해서 끝이 아니듯이 난초도 좋은 환경에서 키워줘야 한다. 난초가 좋아하는 환경을 제공해주고, 4계절에 맞게 마치 주식 차트를 보며 매수, 매도 타이밍을 노리는 것처럼 난초의 상태를 꼼꼼히 관찰하며 최적의 환경을 만들어주는 것이 제일 중요하다.

금모단 혈통을 이어받은 황금금모단, 대한금모단

난테크 관점으로 난초를 키우는 데 있어 가장 중요한 것은 무엇일까? 바로 '혈통'이다. 우리가 흔히 말하는 '피는 못 속인다'는 말이 난초계에서도 통하는 것이다. 종자로서 엄마 난초가 튼실하고 건강하면 그 특성이 자식에게도 이어지게 된다. 특별한 '예'를 가진 부모의 특성이 자식에게도 유전되는 것인데, 이처럼 부모의 특성을 물려받은 난초가 나오는 것을 '고정되었다'라고 말한다.

난초 키우기에 진심인 분들은 '난초 족보'를 활용한다. 난초의 혈통과 재배자와 분양 이력 등을 기록해 놓은 온라인 족보인데, 주식계의 재무재표와 같은 것으로 이해하면 된다. 구글 앱스토어에서 '포켓난'을 검색해 다운로드 받으면 무료로 사용할 수 있다.

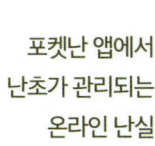

'포켓난' 앱 배경

포켓난 앱에서 난초가 관리되는 온라인 난실

좋은 난초들은 계속 발전할 수 있기 때문에 특별히 더 신경 써서 관리해주는 것이 좋다. 그 한 예로 금모단을 들 수 있다.

금모단 중에 우월한 특성을 가진 혈통을 '함께 금모단'이라고 명명하여 10년간 이력과 분양자들을 기록 관리하며 족보를 유지해 가고 있다.

함께 금모단 계보도. 누가, 언제 분양해 갔는지, 어떻게 키우는지 포켓난을 통해 난초마다 족보를 기록 관리할 수 있다.

    부귀란의 대명사라 불리며 아주 오랫동안 큰 인기를 끌고 있는 '금모단'이라는 품종 중에서도 잎장 길이가 17cm 이상의 장엽이고, 옆폭이 1cm 이상 광폭이며, 옆 두께가 0.3mm 이상의 후육인 금모단, 즉 현존하는 금모단 중 가장 크고 건강한 종자로만 엄격히 분류해 키운 사례가 있다. 마치 10년 연속 금메달을 딴 한국 여자 양궁처럼 기준에 어긋나면 탈락하는 방식으로 10여 년간 가장 큰 금모단 중 초거대 혈통만을 계승한 것인데, 그것을 '황제금모단'으로 명명하였다.

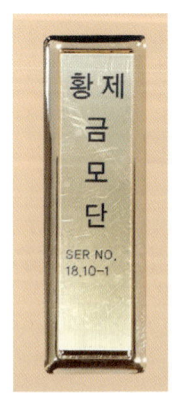

10여 년간 가장 큰 금모단 중 초거대 혈통만을 계승한 '황제금모단'. 황제금모단에는 황금표찰이 따라다닌다.

금모단은 부귀란을 키우는 모든 분이 빠짐없이 몇 화분씩 키울 정도로 예나 지금이나 인기가 가장 높다. 또 처음 난초를 시작하는 난린이들에게는 꿈의 난초로 불리는 밀리언셀러 명품 난초다. 그런 밀리언셀러 금모단 중에서도 황제가 등장했으니 얼마나 웅장하고 화려했을지는 짐작하고도 남는다. 그래서 부귀란 최초로 황제의 표식인 '황금명패'를 달고 다니며, 난초가 분양될 때마다 황금명패와 함께 분양되어 진품 종자와 혈통이 기록 및 유지·관리되고 있다.

좋은 혈통을 갖고 있는 난초는 우월한 품성의 연속성이 좋기 때문에 인기가 많다. 이름이 명명될 정도로 가치가 높은 명품 난초를 키우는 데는 많은 정성과 노력, 인내심이 필요하다. 대충 키우기는 쉽지만 명품으로 잘 키워내기는 쉽지 않다. 하루아침에 대박 나는 주식은 없듯이, 하루아침에 아름답게 피는 난초도 없다. 꾸준한 관심과 사랑으로 키워나가다 보면 언젠가 아름다운 꽃과 함께 명품으로 변해 있을 것이다.

2022년 금모단 선발대회에서 당당히 대상을 탄 '대한금모단'

그렇다면 금모단의 최고봉은 황제금모단일까? 물론 황제금모단이 끝이 아니다. 아마 지금도 많은 사람들이 구곡금모단 이후 황제금모단을 뛰어넘는 금모단을 키우기 위해 노력하고 있을 것이다. 2022년도에 내로라하는 브랜드의 금모단들이 모두 출전한 선발대회에서 당당히 대상을 차지한 '대한금모단'이 한 예이다. 대한금모단은 구곡금모단, 일산금모단, 일본의 욱일금모단, 심지어 황제금모단까지 크기와 위용 면에서 압도해 주목을 받았다.

금모단은 일본이 자랑하는 부귀란 계에서도 대표 주력 품종이다. 그런데 한국에서 일본의 부귀란 대명사와 같은 금모단을 뛰어넘는 '황제금모단'과 '대한금모단'을 키워내 명명하였다. 일본 애란인들은 전통을 초월해 새로운 전설을 다시 만드는 한국 애란인이 두렵다고 말한다.

대한금모단은 현재 100화분 만들기 프로젝트를 진행 중이다. 앞으로 대한금모단이 일본을 압도하고, 한국을 대표할 금모단 종자임은 의심의 여지가 없다.

이제 명품 난초를 키우는 비결을 짐작할 수 있을 것이다. 좋은 혈통의 난초를 선택하고, 최적의 환경에서 키우고 난초 족보(포켓난)를 기록·관리하며 가치를 판단하는 것이 중요하다. 이렇게 하면 여러분도 난초계의 워렌 버핏이 될 수 있을 것이다.

건국류 중에서도 혈통 좋은 건국 136과 109

일본 애란인들은 '건국'이라는 품종을 특히 좋아한다. 아무래도 변화가 빠르고 난초 자체가 진화력이 좋아 신분 상승을 잘하기 때문이다. 건국류 중에서도 월등한 혈통으로는 '건국 136'과 '건국 109' 개체가 유명하다. 품종명 뒤에 붙은 숫자는 소장자가 의미 있게 관리할 수 있도록 화분 및 위치 등을 표식하며 붙인 것이다.

일본인들은 잎장이 진화하거나 혹은 자촉에 건국전 비가 나오는 건국전을 따로 번호를 구분해 별도로 관리하며 키우는데, 그 번호가 136, 109, 11번 개체 등이다. 이 개체와 혈통들은 그냥 생 무지여도 매우 비싸게 거래되며, 실제로 소유자가 계속 키우려 하기 때문에 유통이 안 된다고 보면 된다.

건국전 109 개체가 변이해 '건국전 비'로 진화하는 과정

① 점점 무늬가 잎의 중간을 파고들면서 중투로 자리를 잡기 시작한다. 그렇게 호가 잎장의 정중앙에 노오란 무늬를 마치 자기 안방인양 자리 잡은 후 발색의 세포분열로 다른 잎들에도 중투가 나타나며 고정된다.

② 명품 건국전 비와 같은 형태로 변신했다. 신아가 생산되어 건국전 비가 나오는 형태가 아니라 건국전 호의 잎이 자연 변화하여 호가 중투로, 중투가 비의 형태로 진화한 것이어서 더욱 흥미롭다.

③ 그렇게 한 잎장 한 잎장 고정되며, 온전히 건국전 비가 완성되어 간다.

④ 그런데 자라면서 자촉도 건국전 비가 나온다.

이처럼 건국전은 변이가 잘 일어난다. 무지의 개체에서 혹은 한줄 호에서 복륜으로 변화하는 개체도 있고, 드물게 중투로 변화하여 고정되는 개체도 있다.

건국전 비의 잎 모습을 잘 관찰해 두자. 언제 누구든 건국이를 즐기며 오래 키우다 보면 이런 행운이 찾아올 수도 있으니까.

무지에서 호로 가면 10배, 복륜으로 가면 100, 중투로 변화하면 1,000배 신분 상승을 한다. 이 잦은 변화가 매력적이고, 한 줄이라도 호가 걸려 있으면 난초는 언젠가는 변화가 따르므로 애호가는 설레는 마음으로 그때를 기다리며 난초와 세월을 함께 하는 것이다. 자신이 소유하고 배양한 난초와 함께 신분 상승할 그날을 기다리며 말이다.

혈통이 보장된 좋은 종자를 구하려면 우선 신뢰할 수 있는 공급자에게서 종자를 구입하는 것이 중요하다. 이름 있는 풍란 재배자나 블로그나 부귀란밴드(누구나 부자 되는 귀한 난초) 등을 이용해도 괜찮다. 블로그나 밴드에서는 난초의 혈통과 종자 등에 대한 배양 스토리를 알 수 있고, 오랫동안 기록·관리되고 있어 품질이 좋고, 뒤탈이 없다. 또한 전통적으로 우수한 싹이 나오는 것으로 알려진 품종이나 좋은 평가를 받은 종자를 선택하는 것이 좋다.

긁지 않은 마지막 복권 'K-풍란'

풍란 중에는 변이종이나 돌연변이가 발생할 가능성이 있는 난초들이 있다. 이런 종자에는 늘 관심을 기울여야 한다. 이게 왜 중요할까? 이런 종자는 주식으로 치면 상한가, 복권으로 치면 로또에 당첨되는 것이라 할 수 있기 때문이다.

돌연변이는 자연에서 발생할 수도 있지만, 특정한 조건과 환경을 조성해주면

K-풍란 두엽호에서 두엽 복륜으로 돌연변이 한 모습

좋은 난초 고르는 법! 난초의 외형 검사

종자와 혈통을 확인했더라도 마지막으로 종자의 외형을 살펴보는 것이 좋다.

① 색깔
우선 난초의 종자는 밝고 깨끗한 색을 띠며, 변색이 없는 것이 좋다. 변색된 종자는 성장이 느리고 질병에 감염될 가능성이 있다.

② 표면
종자의 표면에 흠집, 상처, 곰팡이 또는 해충의 흔적이 없는지 확인해야 한다. 표면이 깨끗하고 매끈하며, 광이 날 정도로 빛나는 종자가 좋다.

③ 크기와 형태
종자는 가능한 한 크고 균일한 크기를 선택하는 것이 바람직하다. 또 한 촉보다는 신아가 달려 있는 여러 촉을 사는 것이 더 좋다. 종자로서 난초가 너무 작거나 비정상적으로 생긴 난초 그리고 신아일 때 너무 화려한 난초는 역변할 수 있으니 주의해야 한다.

22년 분양받은 어신도 종자

풍란 종자 선별은 건강한 외형, 높은 생산력, 좋은 유전적 특성, 올바른 배양 상태를 고려하여 이루어져야 한다. 최고의 종자를 선택하면 건강하고 아름다운 풍란을 키울 수 있으며, 결국 최고의 작품을 만들 수 있게 된다. 최고의 작품은 난초를 소장한 애란인의 부와 명성을 높여줄 수 있는 통로가 된다.

24년 어신도가 성장한 모습

무지의 천배 품종   뒤쪽 자촉이 돌연변이 삼광중반 무늬를 달고 나온다.

가능성을 더 높일 수 있다. 풍란 세계에서는 변이종이나 돌연변이가 마치 연예인의 스캔들처럼 큰 화제가 된다. 가능성이 희박한데, 이런 특별한 아이들이 태어났기 때문이다. 그래서 애란인들은 항상 눈을 크게 뜨고 지켜보고 있다. 풍란 세계는 주식시장처럼 풍문도 많고, 루머와 찌라시도 많지만 그만큼 다이나믹하고 흥미로운 곳이다.

전통적인 부귀란 중에서 변화와 돌연변이를 기대할 수 있는 품종은 금모단류, 건국류, 음풍류가 대표적이다. 이들의 변화는 너무 변화무쌍하여 항상 즐거운 이야기가 끊이지 않는다.

그러나 세계화를 준비하는 풍란류는 바로 한국에서 만들어진 초명품 K-풍란이다. K-풍란은 마치 할리우드 스타의 자녀 같다. 우월한 유전자 안에 스타성을 품고 있는 것이다. 천배와 모패, 두황 같은 K-풍란들은 겉으로는 평범해 보일 수 있지만 언제 어떤 모습으로 변신할지 모르는 긁지 않는 복권이다. 대부분 무지이지만 어느 날 갑자기 돌연변이를 하거나 변이종이 태어날 가능성이 크다. 그래서 천배, 모패, 두황 같은 난초는 무지이지만 매우 높은 가격에 거래된다.

K-풍란은 차세대 명품, 월드 베스트를 만들어 내기 위해 과거와 현재의 최고 명품 난초들의 최고 혈통만을 골라 각기 다른 품종들을 종간 교배시켰다.

이를 통해 원예적 우월성을 갖고, 유전적 다양성을 증가시킨 K-풍란이 탄생할 수 있었다.

쉽게 말해 축구로 치면 역대 최고의 프리미어 리그 선수인 메시와 호날두, 손흥민과 베컴, 비에라와 지단, 웨인 루니와 티에리 앙리 같은 선수들의 유전자를 구해와 그들의 장점만 취합한 2세, 3세가 태어난 격이다. 최고의 유전자를 물려받았으니 2세, 3세가 차세대 최고의 축구선수가 될 가능성이 높은 것은 두말할 것도 없다.

전설의 전통난은 우성 혈통과 명품의 향상과 발전에 초점을 맞춘다. 이에 비해 K-풍란은 다양한 특성을 가진 품종이 여러 세대를 통해 진화되는 것이어서 아직까지 세상에 나오지 않은 매우 독특한 변이종 풍란이 태어날 확률이 높다.

무지의 천배에서 한 줄 호가 생기고 완벽한 무늬종으로 고정되면 매우 높은 가격에 거래되는 명품 반열에 오른다.

천배는 무지의 평범함에서 고급스러운 설백의 무늬로 진화하는 K-풍란이다. 무지에서 다채로운 무늬로 진화하면서도 아름다움이 소멸되지 않고 더 멋지게 발전해 난초를 볼 줄 아는 안목을 가진 애란인들은 보는 순간 감동한다. 그래서 천배 수익이 나는 명품 난초가 되기를 마음에서 '천배'라는 이름을 명명했다.

K-풍란은 과거의 스타 난초들과 현재의 인기 난초들을 섞어놓은 유전자의 전시장 같은 것이다. 마치 연예인 부모에게서 태어난 아이가 갑자기 뛰어난 운동선수가 되는 것처럼 K-풍란도 예상치 못한 재주를 보여줄 수 있다.

전통난이 마치 왕가의 혈통을 지키려는 것처럼 우성 혈통과 명품성에 집중한다면 K-풍란은 좀더 자유분방하다. 여러 세대를 거치면서 다양한 특성들이 섞이고 섞여서, 어느 날 갑자기 '찌잔!'하고 독특한 모습으로 나타날 수 있는 것이다.

모패도 천배 못지않게 변이가 잘 일어난다. 부산에 사는 닉네임 '부자나무' 님은 4만 원에 산 '모패'를 1년도 안되어 400만 원에 판매하였고, 그것을 중계한 사람은 1,000만 원에 유통하였으며, 모패를 1,000만 원에 산 사람은 일본에

K-풍란 천흑.
천종과 천관의 삼광 호 복륜
형태로 변이했다.

붉은 축이 매력인 '모패호'
(소장자:엘앤앤)

무지의 '모패'에서 아름다운 '모패호'로 돌연변이 한 모습

2,500만 원에 팔았다.

비교적 짧은 시간에 가격이 급등한 이유는 변이 덕분이다. 초기 무지에서 한 줄 호의 변이가 시작됐는데, 유통되는 동안 진화가 빨라지며 소문이 나고 인기가 높아져서 마치 주식이 폭등하듯 가격이 급등한 것이다.

좋은 난초를 만나면 5~10배의 수익은 기본이다. 변종이나 돌연변이가 발생할 가능성이 큰 풍란을 얻으려면 초 명품 유전성과 다양성이 높은 종을 선택해 다양한 환경에서 노출시키는 것이 좋다. 호를 만들려면 좀 과하다 싶을 정도로 빛을 주면서 물을 말리고 스트레스를 주는 것도 방법이다.

쉽지는 않지만 독특한 변이종 돌연변이를 유도하고 생산해내면 그 난초는 전 세계에서 하나밖에 없는 유일무이한 난초가 된다. 유니크한 종자를 만드는 과정은 더할 나위 없이 즐겁고 설레지만 그렇게 태어난 유니크한 종자는 너도나도 기우고 싶어 히기 때문에 더욱 매력적이다.

감상 포인트를 알아야
명품 난초를 리딩할 수 있다

세계에서 가장 특별한 식물, 가장 특별한 난초가 바로 풍란이라고 해도 과언이 아니다. 풍란은 마치 작은 보석상자를 열어본 것 같은 놀라움을 선사하는 식물이라고 말한다. 크기는 난초 중 가장 작지만, 그 안에 담긴 이야기와 감상 포인트는 요술램프에 들어가 있는 지니처럼 엄청나기 때문이다.

일반적인 화초들은 "꽃이 최고야"라고 외치지만 풍란은 "잠깐만, 난 전신이 예술이야!"라고 말한다. 꽃, 잎, 심지어 뿌리까지 모든 부분이 감상의 대상이 되니까 말이다. 게다가 해질녘에는 홀리는 듯한 매혹적인 향기까지 뿜어내니, 이거야말로 오감만족이 따로 없다.

난초는 크게 꽃에 아름다운 미술적 특성을 담고 있는 '화예품'과 새싹과 다 자란 잎에 나타나는 아름다운 미술적 특성을 담고 있는 '엽예품'으로 구분한다. '화예품'은 꽃이 예쁜 난초로 아들에 비유한다. 아들처럼 1년에 한 번 정도 밖에 보기 힘들어서 그런 것 같다. 반면 '엽예품'은 잎이 예쁜 난초로 딸에 비유한다. 사계절 내내 볼 수 있어서 그런가보다.

그렇다면 부귀란과 K-풍란은 어떨까? 이 난초들은 꽃도 예쁘고, 잎도 예뻐 딸과 아들 역할을 모두 하는 완벽한 자녀라 할 수 있다.

K-풍란은 난초계의 특별한 아이돌이라고도 부른다. 난초 세계에서는 돌연변이를 '예'라고 부르는데, 이런 예들이 모여서 더 특별한 난초를 만들어낸다. 게다가 풍란은 뿌리까지 유니크하고 예뻐 난초계의 슈퍼스타로 손색이 없다.

풍란은 잎과 꽃은 물론 뿌리까지 감상할 수 있으니 모든 난초류보다 감상 가치가 한 가지는 더 있다. 그래서 모든 난과 식물보다 1예의 가치가 무조건 높다. 그래서 언제나 +1점. 즉 한 수 먹고 들어간다.

살아있는 뿌리를 감상한다고?

대부분의 식물은 뿌리를 감추고 살지만 풍란은 당당하게 뿌리를 드러내고 산다. 마치 "봐라, 내 뿌리!"라고 자랑하는 것 같다.

그런데 이 뿌리가 또 얼마나 예쁜지 마치 보석 같다. 꽃과 잎뿐만 아니라 뿌리까지 감상할 수 있는 식물은 풍란이 유일하다. 그래서 풍란을 '유니크 플랜트'라고 한다. 유일무이한 식물인 것이다.

풍란의 뿌리는 빨간색, 루비색, 청색, 노란색 등 다양한 색깔로 나타난다. 색깔마다 저마다의 개성이 있고, 가치도 달라진다. 뿌리가 자란 형태도 중요하다. 뿌리가 곧게, 보기 좋게 뻗어 내리지 못하고, 구불구불하다든가 여러 가닥으로 갈라지거나 말라비틀어지면 보기에 좋지 않고, 가치도 떨어진다.

1) 루비근(루비)

뿌리 중 최고는 루비색을 자랑하는 '루비근'이다. 강렬한 색상, 뛰어난 경도(단단함), 화려한 광채 등 보석으로 갖추어야 할 모든 조건을 갖춘 루비는 수 세기 동안 지구상에서 가장 귀한 보석 중 하나로 인정받고 있다. 루비의 붉은 색상은 태양의 불꽃을 연상시키며, 이는 태양이 지닌 생명력과 에너지를 상징한다. 또 다이아몬드 다음으로 단단해 힘과 권위의 상징으로 왕과 여왕의 왕관을 장식하는 데 사용하기도 했다.

고급 부귀란 품종에서 나타나는 루비근

루비근 중 피존 블러드

중세 유럽에서는 루비가 지혜와 건강을 가져다준다고 믿었고, 전투에서 용기를 북돋아주는 힘이 있다고 여겨 왕실과 귀족들이 애용했던 보석이다. 이런 루비가 풍란에서도 생산된다. 주로 부귀란 중에서도 고급 품종에게서 나타나는데, 뿌리마다 영롱하게 빛나는 루비가 달리면 그 아름다움에 압도당하는 느낌이다. 귀한 루비를 소장하는 느낌이어서 저절로 부자가 된 듯한 기분에 취하기도 한다.

루비근 중에서도 비둘기 피 색과 같은 루비 색감이 나오기도 한다. 약간 푸른색이 돌면서도 강렬하고 완전한 붉은색이 도는데, 이런 색감이 나오면 최고 중의 최고다. 이런 색감을 비둘기의 피와 같다고 해서 '피존 블러드'라 부르며, 부귀란 중 가장 비싸다는 '본비'와 '백모단'에서만 나온다. 혹은 부귀란 진화의 최종 보스인 월생관, 건국보관, 천국관, 건국전 등에서 간혹 출현한다. 그만큼 귀해서 루비근 중에서도 피존 블러드를 더 특별히 애정하게 되는 것이다.

2) 청근(에메랄드)

부귀란은 루비근 말고도 또 다른 보석 '에메랄드'를 생산해 내기도 한다. 에메랄드는 기원전 300년 전부터 보석으로서의 가치를 인정받아 오랜 시간 사랑받아온 보석이다. 고대 그리스에서는 미의 여신 비너스에게 바치며 비너스를 상징하는 보석이 되었으며, 푸르스름한 녹색 빛깔을 띠었기 때문에 고귀하고 성스러운 보석으로 여기고 있다.

에메랄드 보석을 닮은 청근

청근은 마치 샤인 머스켓처럼 생겼다. 통통하고 동글동글한 모습이 참 재미있고, 저절로 핸드폰 카메라를 꺼내들도록 하는 재주를 지녔다.

자연에서 에메랄드라는 광물질 특유의 맑고 고급스러운 청록색이 발현되려면 지열과 압력, 순도, 미네랄의 함량 등 광범위한 여러 가지 요소가 모두 맞아 떨어져야 한다. 하지만 부귀란을 키우면 누구라도 쉽게 다이아몬드, 사파이어, 루비와 함께 세계 4대 보석이라고 불리는 에메랄드를 쉽게 생산해 감상할 수 있다.

3) 니근(토파즈)

뿌리 색깔이 전체적으로 탁한 갈색이면서 끝이 붉은 풍란이 있다. 토파즈와 비슷한 색깔의 이런 뿌리를 '니근'이라 부르며 풍란 대부분의 뿌리가 니근이다.

니근의 색깔과 비슷한 토파즈는 건강과 하나님이 부어주시는 기름, 특별히 치유, 생성, 희락의 능력이 있는 보석이다. 니근은 토파즈의 힘처럼 강력한 에너지와 성장을 돋보이게 한다. 보

대부분의 풍란 뿌리는 니근이다.

기에는 평범해 싫증이 날만도 하지만 니근 자체로 난초의 건강함이나 성장의 탄력을 지킬 수 있고, 건강한 뿌리와 니근을 보면 없던 기운도 샘솟는다. 또한 이 평범한 뿌리는 간혹 변하기도 한다. 이는 난초가 변신하는 징후이니 놓쳐서는 안 된다.

루비근, 니근, 청근 외에도 노란색 황근, 하얀 백근, 빨간 적근도 있다.

풍란을 키우면 보석을 키우는 기분이 든다. 루비, 에메랄드, 토파즈 ……. 이런 보석들을 직접 재배할 수 있다니, 정말 특별하지 않은가? 난초를 많이 생산하면 실제로 광부가 된 것처럼 분촉하여 팔 수 있으니 저절로 난초 광부가 되는 셈이다.

풍란은 작지만 강한, 보석 같은 난초이다. 이런 풍란을 키우면 당신의 공간이 보석상자로 변할지도 모른다. 매일 보석상자를 열어보며 설레는 삶은 생각만 해도 멋지다.

풍란의 허리, 축의 색깔을 알아야 돈이 보인다

풍란을 보면 잎들이 마치 허리를 꼿꼿이 세운 것처럼 촘촘하게 붙어있는 부분이 있다. 이 부분을 '축'이라고 한다. 이 축이 바로 풍란의 또 하나의 감상 포인트가 된다.

이 축은 촘촘하고 통통하고 넓데데해야 보는 맛이 있다. 마치 사람의 허리가 곧으면 보기 좋듯이, 풍란의 축도 촘촘할수록 보는 맛이 난다. 축이 엉성하면 마치 허리를 구부정하게 하고 다니는 사람을 보는 것과 비슷하여 보기에 별로 좋지 않다.

재미있는 것은 이 축의 색깔이 풍란의 가치를 결정한다는 것이다. 마치 연예인들의 옷 색깔로 그들의 인기를 가늠하는 것처럼 말이다.

축의 색깔은 크게 청축, 적축, 니축 등으로 나뉘는데, 더 세밀하게 니축, 흑

잎이 붙어 있는 난초의 허리를 '축'이라 한다.   니축의 고조선 품종

축, 홍축, 청축, 적축 등으로 구분하기도 한다.

    축의 색깔도 풍란 품종의 특성을 구분해 주는 중요한 요인이다. 풍란(부귀란)의 축은 대체로 맥심 커피 색깔과 같은 탁한 갈색을 띤 니축이 많다. 특히 금모단, 흑모단, 건국전, 서출도, 음풍 등 변화를 잘하는 품종은 대부분 니축이다.

    하지만 감상용으로는 좀더 진한 색, 즉 흑축이 더 좋다. 흑축의 색깔은 블랙커피 색깔과 비슷하다. 임팩트가 있고 건강해보이고, 천엽이나 신아가 노랗게 올라올 때 검은색과 색 대비도 가장 좋다.

    원래는 갈색이나 좀더 진해 검은색으로 보이는 축 모두 니축으로 분류했지만 나는 일반적인 니축과 구분하기 위해 '흑축'이라 부른다. 니축 중에서 흑

니축의 금모단   축이 새까만 흑축의 칠흑모단

축이 나오면 혈통과 종자가 좋은 것이다.

니축에 비해 청축이나 홍축, 루비축은 정말 귀하다. 연예인들 중에서도 톱스타급이라고 할 수 있다. 이런 축을 가진 풍란은 컬렉터들 사이에서 정말 인기가 많다. 마치 한정판 운동화를 구하려고 줄을 서는 사람들처럼 말이다.

1. 청축의 누엽호
2. 홍축 루비근의 천금
3. 적축의 진월

풍란의 미래를 알 수 있는 비밀코드, 붙음매

축 부위에 연결되어 있는 각 잎의 붙어 있는 자리를 '붙음매'라고 한다. 축과 잎의 경계선을 보면 가로로 줄이 하나 있다. 바로 이 선이 '붙음매'로 축과 잎이 만나는 부분을 말하는데, 풍란의 미래를 예측할 수 있는 비밀 코드 같은 것이다. 마치 손금을 보고 운명선, 생명선 등 미래를 점치는 것처럼 붙음매의 모양을 보면 그 풍란이 어떻게 자랄지 꼬마 난초일 때도 예측할 수 있다.

재미있는 것은 붙음매의 모양에 따라 잎의 길이도 달라진다는 점이다. 산형이 가장 짧고, 파형, 일문자형, 월형 순으로 길어진다. 마치 사람의 키가 유럽인, 동양인, 동남아인이 다른 것처럼 난초도 붙음매에 따라 최종적으로 난초의 크기가 달라진다. 이는 난초의 미래를 알려주는 비밀코드와 같아서 매우 중요하며, 난초를 볼 때 가장 먼저 봐야 하는 부분이기도 하다.

붙음매는 생긴 모양이 다양하고, 형태에 따라 품종 크기와 특성이 다르다. 풍란의 붙음매는 산형(山型), 파형(波型), 일문자형(一文字型), 월형(月型) 등 대략 4가지 형태로 나타난다.

월형(月型)　　파형(波型)　　산형(山型)　　일자형(一字型)　　붙음매 無

난초의 축과 잎이 붙은 이음선이 둥글게 굽은 달 모양이면 '월형'이고, 똑바로 일자로 곧게 간 것은 '일문자형'이며, 반대로 뫼 산(山)자처럼 중앙부가 볼록한 것은 '산형'이며, 파도치는 물결 모양을 한 것은 '파형'이라 부른다. 거의 대부분의 풍란 붙음매는 월형이다.

산형은 무학(舞鶴)이나 첨악(尖岳), 모패 등 잎 폭과 잎의 크기가 비슷한 비율인 두엽보다 작은 난초에서 볼 수 있다. 대체로 잎살[1]이 두껍고 통통하여 독특한 잎 모양을 하고 있으며, 전체적으로 성장이 느리지만 풍란 중에서도 가장

모패. 붙음매가 가운데가 솟은 산형이다.

---

1 잎의 겉가죽 안쪽에 있는 녹색의 두꺼운 부분

PART 4. 종자전쟁에서 디자인 전쟁으로, 한국을 넘어 중국으로!

작은 난초들의 특성을 품고 있다.

파형은 대파청해(大波靑海), 월파, 정지송호, 옥경, 신위지강 등에서 자주 나타난다. 주로 대파청해 계열과 정지송 계열 그리고 변이를 많이 시도하는 난초에서 파형이 나온다.

일문자형은 홍공작(紅孔雀), 옥금(玉錦) 등에서 볼 수 있다. 대강환호(大江丸縞)는 월형과 일문자형이 섞여서 나타나는 것이 특징이다.

파형을 자랑하는 신위지광. 마치 파도와 같은 잎의 곡선이 아름답다.

우리가 잘 모르는 어떤 난(蘭)을 대할 때 붙음매를 살펴보고 그 난이 어떻게 성장할 것인가를 예측해 보는 것도 좋은 공부가 될 것이다. 변이종에 관심이 많은 분들은 더더욱 붙음매를 잘 살펴볼 것을 권한다.

마지막으로 붙음매 주위에 무늬가 강하게 나타난 것을 '요반'이라고 하는데, 이것도 특별한 경우로 본다. 축이 얼굴이라면 마치 연지 분칠을 한 것 같다. 마치 연예인의 특이한 화장법과 패션이 화제가 되는 것처럼 말이다.

풍란은 이렇게 뿌리, 축 그리고 축의 색감 등 작지만 볼 것이 많은 팔색조이다.

축과 붙음매 부분에 강한 무늬가 나타나는 건국전 요반의 모습

잎의 무늬와 종류, 무늬의 감상 포인트

풍란을 감상하는 포인트는 여러 가지가 있지만 가장 사람들의 마음을 설레게 하는 것은 바로 '잎의 무늬'이다. 그런데 이 무늬를 제대로 감상하려면 약간의 '풍란 지식'이 필요하다. 마치 주식 차트를 보는 것처럼 그 품종이 지니고 있는 본예가 무엇이고, 가장 이상적인 무늬가 무엇인지를 잘 알아두어야 한다. 그래야 무늬가 화려해보여도 그것이 정말 가치가 있는 것인지를 제대로 판단할 수 있기 때문이다.

풍란의 잎은 두껍고 단단하며 짧고, 잎 끝이 뭉툭하면서도 뾰족한 비교적 좁은 형태의 잎이 좌우 대칭을 이룬다. 일반 난과 식물과는 상당히 다른 모습이다. 그래서 처음에는 많이 생소해하지만 특이한 모습에 소장하고픈 마음을 불러일으킨다. 게다가 무늬까지 있으면 눈길을 떼지 못하게 된다.

1) 복륜, "풍란계의 애플, 삼성전자"

풍란(부귀란)의 무늬종 중 가장 많은 개체를 지니고 있으며, 무지의 녹색 난초를 노랗거나 하얀 무늬가 바퀴처럼 둘러싼다고 하여 '복륜'이라고 한다. 부귀전, 만월, 천우, 천종, 천관 등 풍란(부귀란) 최고의 명명품이 대부분 복륜 중에서 나오고 있다.

복륜은 다른 무늬종과는 달리 대체로 고정돼 있고 무지로 되돌아갈 확률이 거의 없어 꾸준히 인기를 얻고 있다. 마치 주식시장의 '우량주'처럼 안정적이다. 간혹 중투 형태나 유령, 무지로 나오는 경우가 있지만 시간이 지나면 결국 복륜으로 돌아간다는 게 특징이다.

복륜은 천혜복륜이나 취보처럼 황색으로 나타나는 것을 '황복륜'이라고 하고, 천설이나 천백처럼 백색으로 나타나는 것을 '설백 복륜'이라고 한다

1. 설백 복륜의 대표 품종 '천백'
2. 황복륜 '취보'
3. 복륜의 대표 품종인 부귀란의 대명사 '부귀전'
4. 황색과 백색이 섞인 유백색 복륜 '부귀전'

그리고 가장 인기가 높은 복륜의 대명사 부귀전은 황색과 백색이 섞인 유백색을 띤다. 어렸을 때는 유령으로 나와 나이를 먹으면서 녹이 들어차 복륜이 완성되기도 한다.

2) 호(縞), "풍란계의 테슬라"

호의 무늬는 풍란에서 가장 화려하고 아름답다. 금광금, 대강환호, 천호, 천금 등이 호가 멋진 대표적인 품종들이다.

풍란 호의 가장 이상적인 무늬는 잎 장마다 일정하게 똑같은 형태의 호 무늬가 들어가 있는 것이다. 넓은 면적의 호가 편호로 한두 줄 들어가 있는 것보다 미세하게 가는 줄무늬가 여러 줄 골고루 들어가 있어 마치 빗질한 것처럼 일정한 규칙으로 나타나는 것이 최고이다. 이런 무늬를 빗살무늬라고 하는데, 일반 호보다 빗살무늬가 나오면 가격이 배는 비싸다.

그런데 호는 변화무쌍하여 배양환경과 기술에 따라 일정하게 무늬를 유지하기가 어렵다는 단점이 있다. 건조하거나 밝으면 무늬가 발전하기도 하고, 너무 과하면 뭉쳐서 유령이 되기도 한다. 반면 너무 어둡거나 질소질 비료가 과하면 무늬가 사라져 무지가 된다.

호 무늬 중에서도 빗살무늬가 최고이며, 그중에서 설백 빗살무늬가 으뜸이다. 설백의 호는 백호라고도 불린다. 백호는 풍(강한 바람)의 피해를 막아주고 재산을 지켜주고 도둑을 막으며 나쁜 액운을 내쫓는 의미가 있다. 그래서 무지의 난초에서 백호가 나오면 사람들은 매우 기뻐하며, 설백호의 참 빗살무늬 난초를 보면서 '무늬의 끝판왕'이라 경탄한다. 이러한 설백 빗살무늬가 고정되

호 무늬 중에서는 빗살무늬가 최고이며, 그중에서 설백 빗살무늬가 으뜸이다.

어 고르게 나오는 난초는 매우 귀하고 값이 비싼데도 모두들 탐내고 줄서기를 마다하지 않는다.

3) 중투·중반, "풍란계의 비트코인"

복륜과는 반대로 잎 안쪽에 무늬가 생기고 테두리는 녹색 상태를 말한다. 비교적 무늬 면적이 넓은 것은 '중투(中透)'라고 하고, 녹의 면적이 넓은 것을 '중반(中班)'이라고 한다. 중심 무늬의 색깔에 따라 '백중투' 혹은 '황중투(중반)'이라고 부른다. 대표적인 백중투로는 신위지광이 있고, 황중반의 명품으로는 본비와 건국전이 있다.

풍란에서 중투의 예를 지닌 품종은 그리 많지 않아 희소성이 높다. 마치 비트코인처럼 변동성이 크고, 예측하기 어렵다. 그러나 중투로 고정된 품종도 있다. 서출도에서 변이한 '진학'이 대표적이다. 하지만 진학도 녹이 적기 때문에 번식과 재배에 많은 어려움이 따르며 결국 독립하여 살 수 없어 죽고 만다. 그

황 중투의 대표 품종. 부귀란의 황제 '본비'

중투의 명품 '비지광'

천섬 품종의 중투(문향원)

래서 중투 품종으로 살아남은 풍란은 참으로 귀하다. 건국전과 본비가 8가지 예를 갖고 있으면서도 독립 생존을 하는 것은 기적에 가깝다.

4) 산반, "풍란계의 개살구"

무늬가 꽃가루 날리듯 퍼지는 것을 '산반'이라고 한다. 산반 무늬도 풍란에서는 많지 않았다. 하지만 산반호를 나타내는 '부악'이라는 품종만 특이하게 유전 능력이 탁월해 일본과 일부 한국 육종가들이 육종묘로 부악을 주로 사용하면서 산반무늬 품종이 시장에 많이 풀리게 되었다. 그 결과 산반무늬가 섞이면 저렴한 품종으로 인식되어 제 아무리 예뻐도 가격적인 한계를 갖게 되었다.

대표적인 산반의 예를 지닌 품종으로는 부악, 대장금, 취월호, 경하가 있다.

대장금의 산반호

각왕산의 산반호

취월호의 산반호

치명적으로 예쁘긴 하지만 산반호라는 수식어가 따라다니는 한 명품이 될 수는 없다. 부악이라는 치명적인 혈통을 품고 있기 때문이다.

5) 삼광중반, "풍란계의 블루칩"

삼광중반은 어쩌면 모든 식물 무늬의 끝판왕이라고도 할 수 있다. 약 3천여 개의 난초 품종 중 삼광중반의 난초는 채 10개도 안 된다. 삼광중반은 설백 복륜이 이중으로 자리를 잡은 무늬의 형태라 '이중복륜'이라고도 불린다.

삼광중반은 잎의 바깥쪽이 녹색이고, 그 안쪽이 무늬로 되어 있으며, 잎의 중심부가 다시 녹색으로 되어 있는, 복잡하게 들어간 무늬의 형태를 말한다. 무늬의 형상이 일정하지 않고 중반호에서 중투호 등 화려한 무늬가 중반의 중심부에 녹색이 남아있는 매우 오묘한 듯한 느낌의 무늬이다. 대표적인 품종으로는 고도지설, 천문, 천옥 등이 있다.

이 삼광 중반의 난초들은 보면 볼수록 맛이 깊다. 전체적인 조화로움이 다른 난초들에 비해 빚어내는 분위기가 다르다. 이 난초들을 이해하고 나면 사실 다른 난초들은 눈에 잘 들어오지 않게 된다. 마치 주식시장의 블루칩 주도주처

동출도의 삼광중반 변이종 '고도지설'

설백 복륜이 이중으로 자리잡은 K-풍란 '천문'

럼 희소성이 높고 가치가 뛰어나다. 풍란(부귀란) 난테크로 성공하려면 부담스러워도 무늬의 끝판왕인 삼광중반을 공부해야 하며, 그 종자를 구해 키워봐야 할 것이다.

'풍란은 둔갑을 한다. 둔갑해서 출세한다'는 말이 있다. 풍란을 키우다 보면 이 말을 실감하게 된다.

무지에서 무늬가 나오고 호에서 복륜, 중투로 변한다. 때로는 복륜에서 역복륜으로 바뀌기도 하는 등 다양한 변이를 보인다. 이는 마치 주식시장에서 기업들이 성장하고 변화하는 모습과 비슷하다. 때로는 너무 예뻐졌다가 유령으로 가서 고사하기도 하는데, 이는 주식시장의 변동성을 떠올리게 한다. 잎 모양도 길고 짧게 여러 가지 다른 형태로 변한다.

이런 생각지도 못한 다양한 변이야말로 풍란을 키우는 묘미라 할 수 있다. 풍란의 무늬를 보고 가치를 판단할 수 있다면 풍란을 볼 때마다 "오, 이 풍란은 삼성전자급이구나" 또는 "와, 이건 테슬라 같은 성장성이 있어!"라고 말할 수 있을 것이다.

잎(엽)의 모양도 다양

뿌리, 축, 잎의 무늬는 말할 것도 없고, 잎(엽)이 어떤 모양인지도 풍란을 감상하는 포인트 중 하나이다. 잎이 쭉 뻗어 있는지, 휘어 있는지에 따라 보는 맛이 달라진다. 잎의 모양은 크게 6가지 정도로 구분한다.

1) 병엽(竝葉)
가장 표준적인 잎의 모양으로 좌우로 쭉쭉 뻗은 잎의 모양을 뜻한다. 대부분의 풍란이 이에 속한다.

2) 입엽(立葉)
잎 끝이 위로 힘차게 뻗어 오른 잎 모양새를 뜻하며, 서출도에서 변이한 은세계, 천혜복륜 등이 대표적이다.

3) 만곡엽(灣曲葉)
활처럼 크게 곡선을 그리면서 아래로 구부러진 잎을 말한다. 대파청해, 청해, 변경환 등이 이에 속한다.

4) 희엽(姬葉)
위로 솟구치지 않고 잎이 지면과 거의 수평이 될 만큼 옆으로 뻗어나간 것으로 금모단, 부귀전 등의 명품난들이 대표적이다.

5) 역엽(力葉)
잎 끝이 곧게 뻗어나가다가 갑자기 손가락 끝마디처럼 구부러진 형태의 잎이다. 금광금이 대표적인 역엽을 지니고 있다.

6) 침엽(針葉)
잎 끝이 뾰족하면서 잎 자체가 솔잎처럼 가는 잎이다. 조선철, 천섬, 추보선 등이 이에 속한다.

꽃의 특성과 감상

꽃 역시 다른 난과 식물들과는 상당히 다르게 작고 앙증맞으며 꽃송이마다 낚시 바늘처럼 길게 늘어진 수염을 뜻하는 말인 '거(距)'라는 것이 붙어 있어 그 우아함을 더해 준다. 풍란의 종명은 'Vanda falcata'인데, falcata는 낚시 바늘이란 의미이다. 그러니까 풍란의 종명은 낚시 바늘처럼 생긴 거의 모습에서 따온 것이라 할 수 있다. 대부분의 꽃은 백화이지만 더러 황화, 도화, 홍화, 녹화,

> ### "난의 묘미는 뭐니뭐니 해도 변이종이죠"
>
> 열매회 회장 천가인(임영동) 씨는 15년 동안 난을 길러왔다. 현재 500여 분의 풍란(부귀란)을 기르고 있는 그의 고백은 많은 것을 시사한다.
>
> "언뜻 보아서는 비슷한 것 같지만 난도 사람과 마찬가지로 개성이 다 제각각입니다. 난초마다 꽃과 잎의 무늬가 하나하나 다 다르기 때문에 그걸 들여다보고 있으면 몇 시간이고 시간 가는 줄도 모른 채 무아지경에 빠집니다."
>
> 이제는 부산 해풍원이라는 난실에 가두리를 분양받아 500여 화분을 키우고 있고, 집에도 난실을 만들어 100여 분의 난초를 기르고 있을 정도로 난초 애호가다. 최근에는 한국의 K-풍란에 푹 빠져 있는데, 그중에서도 변이종에 특히 매료되어 있다.
>
> "난의 묘미는 뭐니뭐니해도 변이종에 있는 것 같습니다. 처음 신아(새싹)가 올라올 때 그 꽃과 잎의 무늬나 색깔, 모양은 짐작하기 어렵습니다. 대충 짐작하더라도 다 자랐을 때 뜻밖의 변이종이 생겨나 화려하게 변신하는 걸 보면 정말 놀랍습니다."
>
> 실제로 풍란은 변이할수록 가치가 높아진다. 난초의 잎과 축, 뿌리, 붙음매 등 난초 각각의 속성에 나타나는 특징적인 변이를 '예(藝)'라고 한다. 그래서 그 특성을 하나 갖고 있는 난초를 '1예품', 2개 갖고 있는 난초를 '2예품', 3개를 갖고 있는 난초를 '3예품'이라 한다. 5개 이상 갖고 있으면 '복합예' 혹은 '특예'라고 하며, 아주 귀한 대접을 받게 된다.

기화 등이 피기도 한다.

1) 백화(白化)

풍란의 꽃은 대부분 하얀 흰색이다. 꽃이 하얀 색이어서 백화 혹은 소심(素心)이라고 부른다. 소심도 하얀 꽃을 의미하지만 좀더 깊은 의미를 지닌다. 꽃봉오리를 싸고 있는 포의를 비롯해 꽃을 구성하는 모든 요소에 아무런 잡색이 섞이지 않은 순수한 흰색을 의미한다.

2) 도화(桃花)

한자의 의미대로 꽃이 복숭아색이다. 도희, 도원, 비충, 영충, 청해 등이 있다.

1. 일반적인 풍란의 백화
2. 도화
3. 홍화

3) 홍화(紅花)

붉은 자홍색으로 피며, 화심 가운데가 붉게 피는 동천홍과 꽃잎 끝에서 붉게 피는 주천왕, 성성, 홍옥 등이 있다.

4) 녹화((綠花)

비취색 꽃. 은은하고 신비스러운 분위기를 풍기는 난들로서 풍란 중에서도 극히 드물다. 비취, 기주녹풍, 춘급전 등이 이에 속한다.

'비취'의 녹화

환상의 꽃이 핀 녹화, '천일지화'

5) 기화(奇花)

정상적인 꽃 모양에서 약간의 파격이 곁들인 꽃이 피는 품종이다. 꽃대에 여러 송이의 꽃이 계단 형태로 핀다 하여 계단피기로 불리는 춘급전, 그리고 약간 독특한 형태로 피는 영충이 대표적이다.

'춘급전'의 기화

거가 3개 달린 삼각산

기화가 피는 풍란 두엽
(출처:풍찾사)

6) 하늘피기(天笑피기)

대부분의 꽃이 위로 치켜 든 꽃대에 수줍은 듯 고개를 살포시 떨군 새색시 같은 모습을 하고 있으나 하늘피기는 당당하게 하늘을 향해 치켜들 듯 피어난 꽃의 모습을 일컫는다. 옥금강, 천재, 흑악, 천흑, 대파청해 등이 이에 속한다.

하늘피기가 예술인
'천흑'

난초진언, 디자인 전쟁의 핵심

예로부터 전해 내려오는 난초진언은 '잎이 두꺼울수록, 초록이 진할수록, 잎이 짧고 넓적할수록, 잎 끝은 둥글수록 귀하다. 특히 광엽의 설백 빗살무늬를 재배할 때 평생의 즐거움을 알게 되고 무늬의 끝판왕이 반복하여 찾아온다'는 것이다.

좀 더 자세히 풀어보자. 잎 끝은 망치 대가리처럼 둥글해야 하고, 꽃 끝은 쥐꼬리처럼 가늘고 길어야 한다. 축은 임신한 사마귀 배처럼 볼록하게, 붙음매가 교차하는 부분은 봉황의 눈처럼 맵시가 있어야 하며 눈썹이 진한 사람처럼 개성이 있어야 한다.

두엽의 빗살 설백호 귀품

정리하면 잎이 두껍고(후육), 잎 색깔이 진청으로 선명하고, 단엽에 광엽이면서 잎 끝이 통통하고 둥근 난초에 설백호나 빗살무늬가 들어가면 최고의 난초라는 것이다. 이것은 외워둬야 한다. 그래야 난초 디자인 전쟁에서 승리할 수 있다.

난초는 살아 있는 식물이기 때문에 정확하게 'A=B'라는 공식이 적용되지 않는다. 그래도 난초진언은 많은 분들이 오랫동안 난초를 키우며 경험을 토대로 진언한 것이어서 참고할 가치가 있다.

무지에서 무늬종을 만들어 비싸게 파는 비법은 존재하지 않지만 디자인적으로 멋진 난초를 실물이나 사진으로 많이 보면서 안목을 키워야 한다. 또한 끼 있는 난초를 골라 키워보면서 스스로 디자인 안목을 체득하는 것이 중요하다.

한국부귀란협회 심용동 회장님이 배양 중인 '천해보'. 난초진언이 말하는 조건에 부합한다.

디자인 전쟁은
곧 무늬 전쟁이다

풍란의 가치를 좌우하는 가장 중요한 요소 중 하나가 '무늬'이다. 무늬만 바뀌어도 난초의 몸값이 뛸 만큼 무늬의 변화는 매우 중요하다.

지금까지 가치 있는 무늬를 얻는 방법은 좋은 종자를 얻는 것에 집중되어 있었다. 멋진 무늬를 자랑하는 풍란에서 똑같은 멋진 무늬를 가진 신아가 나오는 경우가 많기 때문이다. 물론 무지에서 멋진 무늬가 나오기도 하지만 확률이 아주 낮다.

오랜 세월 정성껏 키우면서 좋은 무늬가 나오기를 학수고대하던 시대는 지나갔다. 지금껏 난초산업이 원예 산업이었다면 이제는 창조 산업으로 넘어가고 있는 중이다. 이전에는 수동적으로 멋진 무늬가 나오기를 기다렸다면 좀 더 적극적으로 멋진 무늬를 디자인하고 개발하는 시대가 되었다는 얘기다. 어려운 일이지만 이미 독자적으로 전에는 보지 못했던 멋진 무늬를 디자인한 사례가 나타나고 있다. 앞으로는 복제되지 않는 식물들의 무늬전쟁이 본격화될 것으로 보인다.

무지의 난초에서 무늬를 발현시키는 방법

무지의 풍란에 무늬를 발현시키는 것은 매우 어려운 작업이다. 무늬를 발현시킨다는 것은 '호(tiger band, tiger sprite)'가 생긴다는 것이다.

2020년 어느 날 느닷없이 대한민국은 '범 내려온다'는 판소리가 유행하기 시작했다. 우리 가락인데도 유쾌하고 발랄하고 힙해 단숨에 세계적인 콘텐츠로 부상했다. 그 여파로 호랑이와 까치를 그린 호작도의 민화 가격이 폭등하였고, 호랑이가 그려진 도자기 및 작품들은 품절이 되기도 했다. '호랑이의 힘이 그만큼 무서운 것인가?'라는 생각이 들 정도였다.

풍란에서 생기는 호, 즉 호랑이 밴드 무늬를 보면 호랑이 힘이 대단하다는 것을 인정할 수밖에 없다. 무지의 풍란에서 호가 한 줄만 생겨도 그때부터 난초의 운명이 완전히 달라지기 때문이다. 한줄 호만 들어가도 사람들의 눈길을 보통 10번 이상 더 빼앗기 때문에 가격이 10배도 더 넘게 오른다. 그러니 무지의 난초에 멋진 무늬(호)가 생기도록 디자인하는 일은 힘들지만 보람 있고 설레는 일이 분명하다.

사실 잎의 무늬는 유전적 요인에 따라 발현되기 때문에 무지의 풍란에서 무늬를 100% 발현시키는 방법은 없다. 다만 무지의 풍란 중 일부는 자연적으로 변이를 일으킨 후 무늬가 나타나는 경우가 있다. 어떤 무지 풍란이 돌연변이를 일으킬지는 예측

무지의 '건국'에서 설백의 중투가 나오는 모습

하기 힘들지만 일반적으로 '끼(Secret code)'가 있는 난초들이 변이의 가능성이 높다.

풍란의 끼는 주로 묵과 견조선, 붙음매, 색감의 변화, 호 등에서 나타난다 (part2 '돌연변이 가능성이 높은 '끼' 있는 난초 찾기' 참조). 따라서 끼가 있는 난초를

무늬 변화가 진행되는 쪽으로 햇빛을 과하게 받게 하고 물을 조금 주면 변화가 빨라질 수 있다.

찾는 것이 무지에서 무늬를 얻는 첫걸음이다.

난초에서 끼를 발견하면 어미촉으로부터 무지의 유전을 끊기 위해 바로 분촉하여 분갈이를 한 후 진화를 가속화시킬 수 있도록 도와주는 것이 좋다. 인위적으로 적절한 스트레스를 주면 무늬 발현이 촉진될 수도 있다.

예를 들어, 무늬 변화가 진행되는 쪽으로 햇빛을 과하게 받게 하고 물을 조금 주면서 말리는 것이다. 그러면 난초가 광량의 변화와 물을 더 먹으려는 노력 때문에 무늬가 점점 더 발전하며 화려해질 수 있다. 반대로 무늬가 너무 밝다면 햇빛을 피하고 물을 좀 많이 주면 좋다.

앞으로가 더 기대되는 설백 참빗살 무늬

꿈의 난초란 돈이 있어도, 갖고 싶어도 가질 수 없는 난초들일 것이다. 옥금강, 백복륜, 황관, 백일몽, 백은 그리고 본비와 호동금 등 일본 부귀란 명감 최상단에 있는 난초들이 꿈의 난초이다. 이런 난초는 누구에게나 꿈이고, 도전해보고 싶은 영역일 것이다.

그러나 꿈의 난초라 불리는 난초들을 어느 정도 다 키워본 나로서는 이제는 누가 봐도 '와~' 소리가 날 정도로 무늬가 멋지고, 예를 많이 가진 난초들을 수집해 키우고 싶다. 풍란을 시작하고 20년 동안 동경하는 난초를 모으는 데 집중했다면 이제부터는 미래시대에도 동경 받을 수 있는 난초들을 발굴하고 2단계로 진입하고 싶은 것이다.

내가 생각하는 꿈의 난초는 '완벽한 설백 빗살무늬 연속성'이 있는 난초이다. 아주 섬세한 설백의 호가 전 잎장에 고르게 그어져 있으며, 그것이 모든 촉에 연결되어 있으면 난초가 그렇게 예쁠 수가 없다. 또한 강한 빛에도 타지 말아야 하며, 붉은 안토시안 혹은 홍축에 루비근이 나와준다면 그야말로 금상첨화이다.

미래에 더욱 주목받을 설백 빗살무늬를 자랑하는 난초들이 있을까? 설백무늬의 연속성이 검증된 천호와 천금 그리고 설백 빛살 무늬가 터져 나오는 천배가 대표적이다.

설백무늬의 연속성이 검증된 천금

발전하여 소형화된 천배. 천배의 호가 발전, 진화하면 꿈의 난초가 된다.

천배의 호가 발전, 진화하면 정말 꿈의 난초가 된다. 중단엽에 백색 줄무늬가 그어지는 광엽의 횡강백호(백광), 하얀 백서반에 설백 줄무늬가 있고, 기에 루비근이 가득한 풍명전 백호 '불로백' 역시 꿈의 난초로 손색이 없다.

취미의 세계에서는 아주 미세한 차이, 아주 작은 무늬 등급의 차이에도 가격이 엄청나게 달라지곤 한다. 특히 물고기나 뱀, 거북이와 같은 생물을 취미

중단엽에 백색 줄무늬, 횡강백호   풍명전 백호, 불로백

로 키우는 사람들에게 설백이 주는 임팩트는 대단하다. 물고기와 뱀도 플래티넘(설백)이 나오면 일단 가격이 수천만 원 단위다. 만약 거북이에서 그런 개체가 나온다면 억 단위는 가뿐히 넘게 된다.

    그만큼 설백, 즉 순백의 빗살무늬는 진귀하고 특별한 것이다. 사람마다 호불호가 있을 수 있지만 개인적으로 나는 난초의 잎이 복륜이 되는 것보다 참 빗살무늬로 유지되는 것을 좋아한다. 복륜이 화려함과 고정성, 안정성은 있을지 모르지만 너무 단조로워 변화가 없고, 드라마틱한 재미는 참 빗살무늬에 비해 다소 떨어지기 때문이다.

잔설의 빗살무늬(왼쪽)와 두엽의 비취색 빗살무늬(오른쪽)

하지만 안타깝게도 설백 참 빗살무늬를 디자인하기는 쉽지 않다. 참 빗살무늬는 줄무늬가 잘게 쪼개지면서 만들어지는데, 자연적으로 만들어지는 무늬여서 풍란에서는 그렇게 많이 존재하기가 어렵다.

달마의 참 빗살무늬(왼쪽)와 최근 중국에서 인기가 급부상 중인 죽백란(오른쪽)

만들기도 어려운데, 환경에 따라 유지되기가 어렵다. 쪼개진 무늬가 다시 뭉치기도 하고, 사라지기도 한다. 때로는 복륜이 되기도 하고, 아무 가치도 없는 유령으로 가기도 한다. 그래서 복륜이나 유령, 무지보다 참 빗살무늬는 너무 너무 귀하다.

참 빗살무늬를 디자인하기는 어렵지만 불가능한 일도 아니다. 무늬에 대한 공부를 더 열심히 하고, 애정을 다해 잘 키울 때 귀한 설백 빗살무늬가 찬란한 난초를 디자인할 수 있다.

신풍란에 디자인을 입힌 'K-풍란'

전통적인 일본의 부귀란, 한국에서 개발해 일본에까지 진출한 신풍란에 이어 K-풍란이 주목을 받고 있다. K-풍란은 한국의 신풍란에 새로운 디자인을 입혀 만든 난초이다. 디자인에 신경 쓴 난초이니만큼 관상적 가치가 크다.

K-풍란은 무늬 전쟁이라 말할 정도로 새로운 무늬를 만드는 데 집중하고

K-풍란 천금의 무늬 변화

있다. 그 결과 한국 춘란과 석곡에서만 나오던 무늬가 드디어 풍란에서도 나오기 시작했다. 나도 K-풍란을 열 화분 넘게 키우고 있지만 생김새나 모양이 다 제 각각이어서 화분 수를 더 늘려서 끝까지 키워보고 싶은 마음이 든다.

K-풍란, 천금! 열 '건국'이 열 '흑모단'이 부럽지 않은 이유

풍란 중에서 특히 더 독특하고 유니크한 매력을 지닌 난초가 있다. 바로 '천금'이라는 K-풍란인데, 이 천금 하나만 있으면 전통난에서 변화의 대명사로 불리는 '열 건국이와 열 흑모단이 부럽지 않다'고 말할 수 있다.

바로 '변화무쌍'하기 때문이다. 천금처럼 변화무쌍한 풍란도 드물다. 시간이 지남에 따라 잎의 모양과 색상, 형태가 진화하고, 그에 따라 꽃과 뿌리의 모양 색깔 등이 변한다. 이러한 변화는 K-풍란을 키우는 빼놓을 수 없는 재미이기도 하다.

잎의 모양과 색상은 처음에는 전부 시퍼런 녹색이었다가 시간이 지나면 빗살무늬 호와 설백 복륜으로 진화한다. 잎의 모양도 뾰족했다가 점점 더 힘이 좋은 입엽성이나 둥그런 마루 모양으로 변하기도 한다. 무늬가 화려해지면서 소형종으로 예쁘게 진화하기도 한다.

이처럼 천금은 끊임없이 새로운 형태로 진화하기 때문에 매력적이다. 아무리 예쁜 풍란이어도 늘 똑같은 모습이라면 싫증이 날 수 있다. 그러니 인위적으로 디자인하지 않아도 스스로 더 멋진 모습으로 진화하는 천금이 K-풍란으로서 주목받는 것은 당연하다.

더 이상 석곡의 무늬가 부럽지 않다

"석곡들의 다양하고 다채로운 무늬들이 풍란에서도 나온다면 정말 대박일 텐

데……"

난초를 오래 키운 사람들이 삼삼오오 모이면 꼭 하는 말이다. 이 말 뒤에는 '석곡에서만 나오는 다양한 무늬가 풍란에서 나온다면 정말 1억 원은 할 거야'라는 말까지 꼭 붙는다. 이런 말들을 난초 무늬를 공부할 때 정말 수도 없이 많이 들었다.

석곡은 무늬가 아무리 다채로워도 엽성이 얇고, 줄기가 건들거리며 매우 빠르게 자라 풍란에 비해 상대적으로 가치가 낮게 평가된다. 그러나 이제는 석곡의 다채롭고 화려한 무늬들을 두터운 엽성의 K-풍란에서 볼 수 있게 되었다.

풍란의 무늬는 대표적인 예가 바로 '호(縞)'와 복륜 그리고 '중투(中透)'이다. 호는 잎의 가장자리에 흰색이나 노란색의 줄무늬가 있는 것을 말하며, 복륜은 가운데가 녹색인 잎 테두리를 흰색이나 노란색으로 잎을 둘러싼 형태이다. '중투'는 복륜과는 반대로 잎 가운데 흰색이나 노란색의 무늬가 있고, 그 주변에 녹색의 테두리가 있는 것을 말한다.

최근에는 기존의 호와 중투 외에도 새로운 형태의 무늬들이 발견되고 있다. 원래의 전통적인 무늬에 복합적인 무늬들이 더해져서 설백 참빗살 및 이중복륜(삼광중반), 참빗살 복륜, 학예 삼광중반, 모단예 이중복륜, 진학예 참빗살, 루비예의 삼광중투 등 이름을 짓기조차 어려울 정도로 다양한 무늬들이 출현하고 있다.

석곡의 다양한 무늬

이처럼 기존에는 보기 힘들었던, 석곡에서나 볼 법한 멋지고 아름다운 예가 K-풍란에서는 쉽게 나온다. K-풍란은 잎의 모양과 색상도 다양하다. 색상

K-풍란의 다양한 무늬들. 석곡이 부럽지 않다.

이 한 가지가 아니라 녹색, 황색, 갈색 등 다양하며, 잎의 모양도 둥근 모양, 긴 모양, 뾰족한 모양 등 각양각색의 아름다움을 자랑하는 와중에 마음을 설레게 하는 멋진 무늬가 더해지고 겹쳐지니 K-풍란의 아름다움은 시간이 갈수록 더욱 돋보일 수밖에 없다.

멋진 K-풍란을 디자인하는 데는 기후조건이 한 몫을 한다. 풍란은 기후 조건에 따라 다양한 모습을 보여준다. 건조한 환경에서는 잎이 작고 단단해지며, 습한 환경에서는 잎이 크고 부드러워진다. 또 온도와 습도에 따라 꽃이 피는 시기와 모양이 달라지기도 한다. 따라서 관상적으로 가치가 높은 풍란을 디자인하기 위해서는 풍란을 키울 때 기후조건을 적절하게 관리하는 것이 중요하다.

15억 중국시장,
드디어 풍란 시장이 열리다!

한국은 일본의 부귀란 문화를 계승하는 데 그치지 않고, 신풍란, K-풍란을 자체적으로 개발하면서 한국만의 독특한 풍란 문화를 만들었다. 청출어람이 따로 없다.

그렇다면 한국을 이어 풍란 문화를 꽃피울 수 있는 잠재력이 풍부한 나라는 어디일까? 두말할 것도 없이 중국이다. 중국은 인구가 15억에 달하는 거대 시장인데, 한국부귀란협회가 중국에 본격적으로 진출하면서 중국 난초 시장의 문이 활짝 열렸다. 이는 단순한 시장 진출을 넘어 한국의 풍란 문화를 세계에 알리는 중요한 계기가 될 것으로 보인다.

중국 시장 진출의 첫 걸음, '풍란당' 오픈

한국부귀란협회는 2024년 중국 샤먼 난징현에서 중국인 서염복 대표와 협약을 맺고 중국 1호 풍란 전문점 '풍란당'을 오픈했다. 이는 중국난화협회와의 교

중국 1호 풍란당
출전식

류를 통해 풍란과 부귀란을 중국에 전파하는 첫 걸음으로 평가받고 있다. 서염복 대표는 "신의와 진심을 갖고 중국에서 풍란사업에 진취적으로 도전할 것"이라고 포부를 밝혔다.

중국에서는 이미 춘란과 다육식물인 하월시아 등이 유행한지 오래되었다. 서염복 대표는 "새로운 난초가 필요했는데 풍란(부귀란)이 딱 맞다"며 "중국에서 100배 이상의 시장 성장이 기대된다"고 말했다. 그의 말대로 풍란(부귀란)은 중국 난초 시장에 새로운 바람을 일으킬 것으로 예상된다.

풍란(부귀란)은 세계에서 가장 비밀스러운 난초로 알려져 있다. 독특한 향과 아름다운 꽃이 무척 매력적인 풍란은 '바람 난초'라는 뜻으로, 바위나 나무에 붙어 자라는 특성을 가지고 있어 자연과의 조화를 상징한다.

중국 샤먼-난징현에 중국 제1호 풍란당 오픈.
가운데 있는 분이 서염복 대표

중국 난징현에만 이러한 난초 상점과 농장이
무려 4,500개가 있다.

풍란 중 고가의 품종인 부귀란은 '부와 귀함을 가져다주는 난초'라는 의미로, 예로부터 행운과 번영을 상징하는 식물로 여겨졌다. 따라서 중국에서 풍란과 부귀란에 많은 관심을 보이는 것은 자연스러운 수순인 것 같기도 하다.

한국부귀란협회, 중국 진출을 위한 전략적 제휴

한국부귀란협회는 2024년 중국에 '풍란당 1호점'을 오픈한 이후 보다 활발하게 중국 시장에 진출하기 위해 다양한 전략적 제휴를 맺었다. 세계 최초 난초 상장회사의 진소민 회장과의 교류를 약속했으며, 상해 난초 문화 교류회와 협약을 맺어 풍란당 2호점과 3호점 오픈을 약속받았다.

세계 1호 난초 상장회사 진소민 회장과 풍란당 협약

상해 난초 문화 교류회와 협약

또한, 한국에서 가장 큰 난초 동호회인 모단패밀리와 연계하여 중국 난화협회, 상해 난초 문화 교류회와 MOU를 체결하는 등 중국 시장 진출의 기반을 다졌다. 모단패밀리는 K-풍란과 부귀란이라는 독특한 난초 품종을 앞세워 중국 시장을 공략하고 있는데, 중국 애란인들의 큰 관심을 받고 있다.

취미와 자산을 농사짓는 도시농부의 평생 취미·평생·소득 전략

PART

5

세상에서 가장 작은 포켓 난초 풍란 난테크와 함께 즐거운 인생 2막

풍란 덕분에 5년 일찍
희망 퇴직했어요

✳ 김 희 균 (가치함께)
　　60세, 취미로 한 것까지 포함하면 13년

　우리나라뿐만 아니라 세계적으로 조기은퇴 바람이 불고 있다. 수명은 점점 늘어나는데, 은퇴는 빨라지는 아이러닉한 세상이다. 미처 퇴직을 대비해 준비도 못했는데, 본인의 의사와는 상관없이 퇴직을 강요당하는 것만큼 황당하고 절망스러운 일도 없을 것이다.

　결혼도 출산도 많이 늦어진 지금, 자식을 낳아 키우면서 은퇴준비까지 하기란 현실적으로 불가능한 일이다. 그러다 보니 누구보다 열심히 일했어도 아무런 준비 없이 은퇴를 강요당하는 분들이 대부분이다.

　다행히 나는 스스로 퇴직을 선택할 수 있었다. 그것도 정년보다 5년이나 일찍 앞당겨서. 5년 일찍 은퇴해 그 어느 때보다도 안정감 있고 편안한 인생 2막을 살고 있는 중이다. 다 풍란(부귀란)을 만난 덕분이다.

선물 받은 풍란의 매력에 빠져 투자를 결심하다

풍란을 처음 만난 것은 약 13년 전이다. 당시 나를 풍란의 세계로 이끌어준 스승님께서 서출도와 천혜복륜이라는 부귀란을 선물해 주셨다. 서출도와 천혜복륜은 가격이 많이 비싸지 않으면서도 키우는 데 큰 어려움이 없고, 잎과 뿌리가 멋지게 자라 입문용으로 많이 선호하는 품종이다.

처음 선물 받았을 때만 해도 풍란의 매력에 푹 빠지게 될 줄 몰랐다. 약 1년 반 정도를 아파트 베란다나 사무실에서 취미 삼아 키웠는데, 보는 맛이 있었다. 조그마한 녹색 난초가 자라면서 잎이 조금씩 변하기도 하고, 새하얀 꽃이 피면 그 자그마한 꽃에서 풍겨 나오는 향이 엄청났다. 향수를 별로 좋아하지 않는데도 풍란의 향은 남달랐다.

풍란에 매력을 느끼면서 궁금해지기 시작했다. 궁금해지니 이왕 키우는데 잘 키워보고 싶어져 하나하나 정보를 수집하고, 선배 애란인들과 교류하면서

자연스럽게 풍란에 대한 이해를 넓혀갔다.

취미로 2년쯤 풍란을 키우다 보니 재테크로 해도 괜찮겠다는 생각이 들었다. 사실 나는 사회생활을 시작해서 은퇴할 때까지 줄곧 금융업계에 종사했다. 금융인으로 살다 보니 자연스럽게 다양한 재테크 방법을 접할 기회가 많지만 스스로 확신이 서지 않으면 시도조차 하지 않는 편이다. 세상에 안정적으로 큰 수익을 안겨 줄 수 있는 재테크는 없다고 믿는 편이었다.

하지만 풍란에 대한 생각은 달랐다. 취미로 키우다 보니 풍란의 가치를 높게 평가해 찾는 사람들이 많고, 좋은 품종을 열심히 키우면 자촉을 낳아 원금 손실 없이 자산을 늘릴 수 있다고 판단해 재테크를 하기로 결심했다.

처음 산 품종은 당시 최상의 품종이라 불리던 '금모단'이었다. 10여 년 전에 900만 원을 주고 샀으니 나로서도 과감한 투자를 한 셈이다. 그 금모단은 현재 '함께금모단'이라는 이름으로 유통되고 있다.

처음 입양한 금모단이 비쌌던 데는 원래 금모단이 비싸기도 했지만 8촉이나 되는 대주였기 때문이다. 애초에 촉이 많았던 난초라 바로 다음해부터 많은 동료 애란인들이 줄을 서서 분양을 받았다. 그때부터 지금까지 약 20여 촉을 분양해서 누적 수익률이 500~600% 정도 된다. 자촉만 팔아서 얻은 수익률이고, 현재도 계속 진행 중이니 꽤 성공적인 투자를 한 셈이다.

투자는 여유 자금으로 했다. 초기 자금은 3천만 원 수준이었다. 주식으로 얻은 수익의 일부를 풍란에 투자한 것인데, 이후 여유자금이 생길 때마다 조금씩 더 투자했다. 보통 직장인들의 경우 1년 혹은 2~3년 단위로 연봉이 인상된다. 나는 기본급여액 외에 연봉인상분, 연말정산 환급금, 연월차수당, 특별성과급 등을 투자에 보탰다. 여유 자금이 생길 때마다 약 3~4년을 꾸준히 매집해서 키운 결과 지금 약 800여 화분으로 늘었다.

그렇게 몇 년을 풍란에 투자하다 보니 안정적으로 수익이 나기 시작했다. 판매를 많이 하려고 애쓰지 않아도 제법 쏠쏠한 수익이 생기면서 '이 정도면 빨리 은퇴해도 되겠다'는 생각을 한 것도 사실이다. 그리고 그 생각은 지금 현실이 되었다.

전화위복이 된 아픈 기억

풍란을 키우면서 마냥 즐거운 일만 있었던 것은 아니다. 지금 생각해도 너무 가슴 아픈 일이 있었다.

2018년도의 일이다. 당시 이상 기온으로 인해 갑작스러운 폭염이 기승을 부린 적이 있는데, 그때 애지중지 키우던 고가의 난초 몇 개가 죽었다. 풍란은 워낙 생명력이 강해 어지간해서는 죽지 않는다. 그래서 날씨가 아무리 더워도 괜찮을 거라 안일하게 생각했던 대가를 혹독하게 치른 것이다. 본격적으로 투자한 지 얼마 안 되는 시점이라(3년차) 투자금이 크지 않았지만 당시 투자금 대비 약 30%의 손실이 난 것이라 상심이 컸다. 무엇보다 너무나 애지중지하던 난초들이어서 심리적인 충격과 상실감이 더 컸던 것 같다.

2022년에도 위기가 있었다. 조금 더 일찍 풍란을 키워온 사람으로서 다른 애란인들이 난을 키우는 데 조금이나마 도움을 주고 싶었다. 그래서 상태가 안 좋아 보이는 난을 돌보고 회복시켜주면서 보람을 많이 느꼈다. 그런데 아픈 난초는 격리해서 관리해야 한다는 것을 모르고, 내 난초들과 함께 관리하면서 사달이 났다. 건강했던 내 난초들에게까지 균이 퍼져 꽤 많은 난초가 병에 걸렸다.

그때를 생각하면 지금도 아찔하다. 다행히 부단히 노력해서 그 모든 난초를 건강하게 회복시킬 수 있었다. 그 과정에서 풍란(부귀란)을 잘 키울 수 있다는 자만심을 버리고, 늘 겸손한 마음으로 난초를 살피고, 꾸준히 공부해야 한다는 교훈과 병든 난초를 회복시키는 노하우도 터득하게 되었다.

난초는 관심을 주는 만큼 잘 자라는 것 같다. 난초의 변화를 세심하게 관찰하다 보면 잘 크는지, 어딘가 이상이 생겼는지 어느 순간부터 알게 된다. 그때 그냥 지나치지 말고 바로 적절한 대처와 관리를 하면 난초를 건강하게 키울 수 있고, 난초가 가진 본예를 잘 유지시킬 수 있다.

판매자를 찾기보다 저절로 찾게 만든다

취미가 아닌 투자로서 풍란(부귀란)을 키우면 당연히 수익에 관심을 가질 수밖에 없다. 투자를 시작하고 수익을 얻는 시기는 한 촉을 입양해서 재배했는지 혹은 여러 촉(대주)을 입양해 재배했는지에 따라 다르지만 평균적으로 시작하고 약 3년 정도 지나면서부터 수익이 나는 속도가 빨라진다. 마치 복리의 마법처럼 말이다.

수익을 얻으려면 판매를 해야 하는데, 나는 어떻게 판매를 잘 할까보다는 내 난초를 입양하고 싶어 하는 분들이 많아지게 하는데 주안점을 두었다. 스스로 내 난초를 찾아와 입양하고 싶게 하려면 종자의 가치, 즉 브랜드 가치를 극대화시켜야 한다. 그래서 나는 좋은 종자를 확보하는 데는 아낌없이 투자하는 편이다. 그 동안 풍란을 키운 경험을 바탕으로 좋은 종자를 건강하고 멋지게 키워내면 굳이 팔러 다니지 않아도 사고 싶은 사람들이 먼저 찾아온다.

판매자를 찾아다니지 않아도 되니, 나는 예쁜 난초들을 돌보면서 즐겁게 지내면 된다. 은퇴 후 힘든 것 중 하나가 마땅히 갈 곳이 없다는 것이다. 하지만 나는 언제든 집을 나와 갈 수 있는 곳이 있고, 나와 같은 생각을 하는 사람들과 일상을 공유할 수 있다. 난초를 키우면서 얻는 마음의 평화도 빼놓을 수 없는 매력이다. 그렇게 즐겁게 일상을 살면서 난초연금까지 꼬박꼬박 생기니 휘파람이 절로 난다.

내겐 풍란이 바로
황금 알을 낳는 거위에요

이 미 선 (샘물)
58세, 풍란 키운 지 9년

2016년 4월.

풍란이라는 난초를 처음 만난 날이다. 그때까지만 해도 몰랐다. 이 작은 난초가 나와 내 가족의 삶 가장 깊숙한 곳에 들어올 것이라고는. 그저 남편에게 뜻 깊은 선물을 하기 위해 풍란을 구입했을 뿐이었다.

당시 내가 구입한 풍란은 '금모단'이라는 품종이었다. 가격이 270만 원이나 했다. 10만 원 넘는 식물은 사 본 적이 없는 나로서는 감당하기 어려운 어마어마한 금액이었다. 무언가에 홀린 듯이 금모단을 사서 집으로 돌아오면서 말했다.

"미쳤다"

난테크의 가능성을 보다

270만 원의 거금을 주고 처음 본 금모단을 살 수 있었던 데는 남편의 취미생활이 한 몫을 했다. 남편은 성실한 가장이었다. 담배는 아예 안 하고, 술은 1년에 4~5번 정도 마셨다. 대신 다양한 취미를 즐겼다. 그 중 하나가 '관상용 새우'를 키우는 일이었다. 특이한 취미라 생각했지만 술, 담배를 안 하는 남편이 좋아하는 취미여서 존중했다.

게다가 관상용 새우는 돈이 됐다. 예쁜 모습을 보는 것만으로도 즐겁지만 새우가 자라 새끼를 낳으면 꽤 비싼 값에 팔 수 있었다. 하지만 점차 시장이 시들해지면서 관상용 새우를 키우던 분들이 다른 쪽으로 관심을 돌렸다. 당시 그분들의 눈길을 끌었던 것이 금모단이었고, 남편도 금모단에 관심을 보였기에 생일 선물로 산 것이었다.

그것으로 끝일 줄 알았다. 그런데 남편이 난테크를 하자고 제안했다. 사실 관상용 새우가 돈이 된다는 것을 이미 경험했기에 난테크에 대한 거부감은 없었다. 충분히 가능성이 있다고 생각했고, 제대로 난테크를 하기 위해 모임에 가입했다. 금모단을 처음 산 후 4개월이 지난 시점이었다.

2기 모임 창단식이 있던 날, 200만 원을 주고 금모단을 또 하나 샀다. 난테

크를 하겠다고 모임에 가입까지 했는데, 자기 난 하나 없다는 것은 말이 되지 않는다고 생각했기 때문이다. 꼭 고가의 난을 살 필요는 없었지만 이왕이면 남들이 쉽게 갖지 못하는 난을 구매하고 싶어 거금을 투자했다.

직장을 접고 난초에 전념하다

남편과 함께 시작했지만 고가의 난을 구매하고 걱정이 태산이었다. 솔직히 잘 키울 자신이 없었다. 식물을 키우는 데는 워낙 재주가 없어 그동안 키우다 하늘나라로 보낸 식물이 수도 없었다. 그런 내가 난초를 잘 키울 수 있을까? 한두 푼도 아니고 200만 원이나 하는 난초를 혹시라도 죽이면 속상해서 살 수가 없을 것 같았다.

처음에는 난초에 손도 대지 못할 정도로 겁을 먹었다. 잘못 만지면 아프거나 죽을 수도 있다는 생각에 두렵기만 했다. 그런데 어느 날 난초 옆을 지나가면서 살짝 스쳤는데, 따가웠다. '어라? 따갑네. 그렇다면 난초 잎이 생각보다 뾰족하거나 강하다는 것 아닌가?'라는 생각이 들었고, 조심조심 만져보니 괜찮았다. 우려했던 것보다 잎이 단단하고 힘이 있었다.

난초는 집에서도 키울 수 있지만 물주는 것도 서툴렀던 나는 좀 더 안전하게 난을 키울 수 있는 '가두리(개인 난실)'를 선택했다. 햇빛을 조절해주는 차광막도 있고, 추위로부터 난을 보호해줄 수 있는 다겹 보온 커튼, 바람을 인위적으로 줄 수 있는 환풍기, 습을 조절하는 장치 등이 있고, 무엇보다 가두리에 난을 잘 아는 분이 상주하면서 관리를 해주고 있어 안심이 되었다.

열심히 공부하면서 난을 몇 년 키우니 난이 점점 늘었다. 가두리에서 기본적인 관리는 해주지만 제대로 키워보고 싶었다. 난이 얼마 되지 않을 때는 직장을 다니면서 난을 돌볼 수 있었지만 난초가 많아지니 집중할 필요가 있었다. 고민 끝에 2020년에 직장을 그만두고 난초에 전념하기 시작했다.

난테크를 시작하면서 가장 많이 들었던 말이 '식물은 주인의 발자국 소리를 들으면서 자란다'는 것이다. 직장을 다닐 때는 자주 다닐 여유가 없었지만 직장을 그만두니 시간이 충분했다. 토요일과 일요일에는 무조건 남편과 함께 가두리에 갔다. 두 아들에게도 "이제 엄마의 사업장은 가두리다. 그러니 주말에는 엄마, 아빠 찾지 말고 너희들끼리 잘 지내라"고 말하고 열심히 난초를 돌봤다.

평일에도 혼자 일주일에 한 번 이상은 난실에 방문하려고 노력했다. 내 난초를 한 번이라도 더 보고 싶은 마음이 컸지만 멀리 지방에 있어 주말이 아니면 가두리에 올 수 없는 회원들을 대신해 난초를 살피겠다는 마음도 있었다. 내가 갖고 있지 못한 난을 멀리서나마 볼 수 있어서 좋았고, 공부도 많이 됐다. 무엇보다 자주 들여다보면서 난초에 이상 기류가 보일 때 빨리 적절한 조치를 할 수 있어서 좋았다.

언제든 현금화 가능한 황금 거위를 만들다

2016년에 처음 금모단을 구매하고 2025년 올해 9년차가 꽉 차 간다. 난테크를 시작하고 3~4년 동안은 수익을 실현하기보다는 귀한 품종의 난초를 확보하는 데 집중했다. 짧으면 1~2년 후부터 수익을 실현할 수도 있지만 초기에는 남편과 맞벌이를 해 당장 돈이 필요하지 않았고, 시간을 길게 투자할수록 수익이 극대화된다는 것을 알고 있었기에 서두르지 않았다.

키우는 난초가 많아진다는 것은 그만큼 자산이 는다는 것이다. 날로 자산이 불어나는 것을 지켜보는 재미가 쏠쏠했지만 초기 투자했던 금액보다 몇 배 이상 많은 수익을 올릴 때의 기쁨이 무엇보다 크다.

난테크를 시작하고 1년가량 지났을 즈음 750만 원이라는 엄청난 금액을 지불하고 금모단을 하나 샀다. 워낙 금액이 크다 보니 남편이 내 옷자락을 잡아 당겼다. 이미 촉이 여러 개인 금모단이긴 해도 비싸도 너무 비싸니 신중하게 생각해보라는 신호였는데, 과감하게 구매했다.

그 금모단을 2024년 7월 25일 기준으로 총 11촉을 팔았다. 워낙 귀한 금모단이라 한 촉 가격이 200만 원 이상이어서 최소한 2,200만 원 이상을 번 것이다. 그것도 종자는 그대로 지키면서 말이다. 종자는 종자대로 시간이 지나면서 가치가 올라가고, 그 종자가 낳은 신아만으로 3배 이상의 수익을 올리면서 난테크의 힘을 실감했다. 그래서 신아를 팔아 챙긴 수익을 더 좋은 품종으로 업그레이드하는 데 투자했다.

22년에 산 '천배'라는 풍란은 최대의 수익을 안겨줬다. 200만 원 주고 샀는데, 2024년 4월에 2,400만 원에 팔았다. 2년 만에 무려 12배의 수익이 난 것이다.

단기간에 엄청난 수익을 올릴 수 있었던 것은 풍란이 스스로 진화를 한 덕분이다. 천배를 구입할 때 하나의 잎 가운데 하얀색 줄이 하나 있었는데, 시간이 지나면서 모든 잎에 예쁜 하얀색 줄무늬가 생겼다. 그러면서 가치가 10배 이상 뛰었다. 무늬의 변화는 열심히 키운다고만 되는 것이 아니어서 너무 좋았다. 그동안 꾸준히 난을 키운 것에 하늘이 감복해 선물을 준 것 같은 기분이었다.

12배의 수익을 얻은 것으로 끝난 게 아니다. 천배가 자라면서 무늬가 없는 신아가 두 촉이 생겼는데, 그 두 촉은 따로 빼놓았다. 그런데 그 신아에 너무 예쁜 무늬가 생기고 있다. 자라면서 얼마나 멋진 난으로 성장할지 볼 때마다 설렌다.

살다 보면 목돈이 필요할 때가 있는데 난초가 있으니 걱정이 없다. 지금까지 3번 정도 난초를 팔아 큰돈을 마련했다.

한 번은 좋은 차를 마련하기 위해 난초를 팔았다. 부동산이 하락세일 때는 집주인들이 역전세로 고생할 수 있다. 나도 전세를 줬던 집이 있었는데, 역전

세로 갑자기 약 5천만 원을 내주어야 했던 적이 있다. 그때도 난초를 팔아 어렵지 않게 돈을 마련할 수 있었다. 가장 최근에는 아들의 결혼자금으로 난초를 팔았는데, 큰 힘이 되었다.

    진심을 갖고 여유롭게 시간을 즐기면서 하면 할수록 난테크는 매력적이다. 언제든 목돈이 필요할 때 팔아 쓸 수도 있고, 남편이 퇴직하면 매달 조금씩 난을 팔아 연금으로 쓸 수 있다. 그렇게 쓰면서도 원금은 어지간해서는 줄지 않으니 나에게 풍란은 황금 알을 낳는 거위나 마찬가지다. 그런 풍란과 오늘도, 내일도 함께 할 수 있어 행복하다.

취미로 시작해 지금은 월급 외에
연 3천만 원 정도 벌어요

 임 영 동 (천가인)
40대 중반, 취미로 한 것까지 포함하면 15년

한국에서 결혼해 자식을 키우는 가장이 온전한 취미생활을 즐길 수 있기란 쉬운 일이 아니다. 결혼해 아이를 키우는 분들은 다 공감할 것이다. 사랑만으로 아이를 키울 수 있는 세상이 아니라는 것을 말이다. 대단한 교육열이 아니라도 기본적인 교육만 시키는 데도 돈이 제법 많이 든다. 그런 상황에서 돈이 드는 취미생활을 한다? 배우자에게 한 소리 딱 듣기 좋다.

하지만 나에겐 오래 전부터 즐겨온 소중한 취미생활이 있다. 그 자체로도 너무 좋은데, 때로는 돈을 벌어다 주기도 한다. 그러니 가족들의 지지를 받으면서 당당하게 취미생활을 할 수 있다.

오늘의 나를 있게 하고, 앞으로의 나를 더욱 풍요롭게 해줄 '풍란'이 내 취미의 주인공이다.

아, 이런 식물도 있구나

처음 풍란을 만난 것은 우연이었다. 지금으로부터 약 15년 전, 동호회에서 만난 지인을 따라 이벤트 행사에 참여했다. 운 좋게 이벤트에 당첨돼 '옥금강'이라고 하는 풍란을 선물로 받았다.

처음 본 풍란은 낯설기만 했다. 난의 한 종류라는데, 그동안 본 난과는 달라도 너무 달랐다. 잎이 너무 작고, 짤막했다. 색도 온통 초록색이어서 얼핏 보면 풀 같기도 했다. '아, 이런 식물도 있구나' 신기해했던 기억이 새롭다. 그때만 해도 이 작은 초록 식물에 빠져 15년 동안이나 계속 인연을 이어갈 줄은 몰랐다.

옥금강 외에도 평범한 풍란을 몇 화분 더 선물 받아 키웠는데, 키우는 재미가 제법 쏠쏠했다. 그 작은 몸에서 하얀 꽃이 나오는 것도 신기했고, 촉수가 늘어나는 것을 지켜보고 있노라면 왠지 모르게 뿌듯하고, 마음이 평온해졌다. 그렇게 조금씩 조금씩 풍란에 빠져들었다.

관심이 생기년 더 알고 싶어지는 법이다. 지금은 풍란을 키우고 있는 분들이 많고, 풍란에 대한 정보도 많지만 내가 처음 입문할 때는 정보가 없어서 참 힘들었다. 그래서 매 주말마다 대전 이남에 있는 풍란 가게를 찾아다녔다. 사장님께 풍란에 대한 정보를 구하고, 내가 키우는 풍란 말고 어떤 풍란들이 있는지 구경하는 것도 재미있었다.

견물생심이라고 했던가. 내가 갖고 있는 풍란과 다른 품종을 보니 구매 욕구가 일었다. 내 눈길을 사로잡는 풍란은 대부분 고가였지만 월급쟁이가 취미에 많은 돈을 쓰기는 어려웠다. 그래서 최대 100만 원을 넘지 않는 품종들을 사들였다. 풍명전, 서출도, 천혜복륜 등의 풍란들이었는데, 예쁘게 잘 자라고, 무늬 공부하는 데도 도움이 많이 되었다. 요즘도 이 품종들은 풍란 입문용으로 인기가 많은 것 같다.

풍란이 자라고 늘어나는 모습을 보는 것도 즐겁지만 풍란을 키우면서 좋은 사람들을 많이 만났다. 그들과 함께 난담(난에 대한 이야기)을 나누고 함께 하는 시간이 무척 즐거웠다. 그러면서 나는 진정한 애란인으로 성장했다.

취미에서 투자로 전향하다

온전히 취미로 즐기는 것도 좋았지만 풍란을 키우다 보니 '이왕 하는 거 돈도 되면 더 즐겁지 않을까?'라는 생각이 들었다. 열심히 풍란을 공부하고, 정성껏 키우다 보니 잘 키울 자신이 있었다. 풍란을 예쁘게 잘 키우면 가치가 올라가

는 것도 확인한 터라 결심을 굳혔다.

풍란에 투자하기로 마음먹은 후에는 과감하게 몇 백 만 원 이상 하는 품종에도 투자했다. 저가의 풍란을 잘 키워 수익을 낼 수도 있지만 이왕 투자하기로 마음먹은 이상 고가의 품종에 투자하는 것이 더 큰 수익을 낼 가능성이 크다고 생각했기 때문이다.

취미에서 투자로 전향하면서 약 6천만 원 정도 투자했다. 월급쟁이에게 6천만 원은 적은 돈이 아니지만 불안하지는 않았다. 그동안 풍란을 키우면서 나름 어떻게 키워야 풍란의 가치를 높일 수 있는지 알 것 같았기 때문이다.

실제로 투자로 전향하고 크고 작은 수익을 얻을 수 있었다. 그 중 가장 기억에 남는 것이 '어신도'라는 품종이다. 어신도는 색깔과 무늬가 예뻐 애란인들에게 인기가 많은데, 좋은 가격에 구입해 3년 동안 키워 3천만 원에 자촉을 팔았다. 가두리에서 키우고 있었는데, 워낙 예가 좋다 보니 신아가 나오자마자 사고 싶다는 예약 팻말이 꽂혔다.

수익 규모가 제일 컸던 것은 어신도였지만 수익률만 따지면 '고조선'이란 품종이 최고다. 고조선은 80만 원에 사서 8년을 키워 800만 원의 수익을 얻었다. 수익률이 1,000%(10배)에 달하는 셈이다. 게다가 아직 다수의 촉이 남아 있으니 수익률은 더 올라갈 것이다.

풍란은 시간이 지나면 새끼(신아)를 낳는다. 그 새끼들만 잘 키워도 원래의 풍란은 그대로 갖고 있으면서 돈을 벌 수 있다. 어떤 투자든 원금 손실의 위험은 있는 법인데, 풍란은 원금 손실 없이 안전하게 자촉만으로 수익을 얻을 수 있어 매력적이다.

하지만 아직까지 나는 수익을 만드는 데 적극적이지는 않다. 직장을 다니고 있어 아직 풍란을 팔아 수익을 챙기지 않아도 생활이 가능하기 때문이다. 현재는 종자목들을 키우고 늘려가는 데 집중하고 있다.

그럼에도 연 최소 3천만 원 정도의 수익이 나고 있다. 부업으로 3천만 원은 적지 않은 돈이다. 금리가 3%라고 가정하면 현금 10억 원 정도를 맡겨야 생길 수 있는 돈이다. 그 큰돈을 취미생활 하듯이 풍란을 키우면서 손에 넣을 수 있다는 것은 대단한 일이다. 30대 초반의 젊은 시절, 풍란을 만날 수 있었다는 게 새삼 고맙다.

은퇴 후 도시농부를 꿈꾸다

보통 40대 중반만 돼도 은퇴 후 무엇을 할까 고민하기 시작한다. 하지만 나는 걱정이 없다. 이미 계획이 다 있기 때문이다. 지금은 부업으로 풍란을 키우지만 직장을 그만둔 후에는 전업으로 풍란을 키울 생각이다. 한마디로 도시농부를 꿈꾸는 중이다.

젊었을 때부터 농사를 짓던 사람이 아니면 나이 들어 농부가 되기는 쉽지 않다. 농사를 짓는 데 알아야 할 것도 많지만 그보다는 엄청난 체력을 요구하기 때문이다. 그래서 풍란이 좋다. 풍란은 몸집이 아주 작아 대단한 체력이 필요하지 않다. 오히려 분갈이를 하고 관리를 하다 보면 적당한 운동이 되어서 건강을 유지하는 데 도움이 된다.

나이가 들어서도 오래도록 즐겁게 할 수 있는 일이 있다는 것은 축복이다. 정년을 꽉 채워 은퇴를 한다 해도 고작 60세가 채 안 된다. 100세 시대인 지금 은퇴 후 40년 가까이를 더 살아야 한다는 얘기다. 40년이면 무언가를 새로 시작해 일가를 이루고도 남을 긴 시간이다. 그 긴 시간을 행복하게 살려면 돈과 소소하게 할 수 있는 일이 필요하다. 그 두 가지 조건을 완벽하게 충족하는 것이 나에게는 '풍란'이다.

그 풍란을 30대 초반에 일찌감치 만나 벌써 짭짤한 부수입을 올릴 정도로 키워냈으니 노후에 뭘 하며 살아야 할까 고민할 일이 없다. 풍란과 함께 하는 나의 노후는 생각만 해도 설렌다.

80세 난초 아가씨,
120살까지 멋지게 살 거예요

박 복 순 (열번개)
80세, 풍란 키운 지 9년

10여 년 전까지만 해도 노후 걱정은 별로 하지 않았다. 약 50여 년을 미용업에 종사했는데, 수입이 나쁘지 않았기 때문이다.

헤어샵 원장으로서의 삶은 화려했다. 헤어샵도 어느 지역에서 하는가에 따라 수입이 다른데, 나는 압구정, 반포, 용산 등 요지에 있는 현대백화점 내에서 헤어샵을 운영해 수입이 안정적인 편이었다.

하지만 영원할 것 같았던 헤어샵 수익은 코로나19 팬데믹이 오면서 하향곡선을 그리기 시작했다. 그러면서 '과연 헤어샵을 운영하면서 노후를 잘 보낼 수 있을까?' 의문이 들었다. 그때부터 어떻게 해야 노후자금을 마련할 수 있을지 고민했다. 그러던 중 우연한 기회에 부귀란이라는 난초를 만났고, 바로 '이거다' 싶었다. 고민도 하지 않고 바로 난테크를 시작했다.

그때 나이가 72세였다.

30대에 만난 풍란(부귀란), 40년 후에 다시 만나다

보자마자 확신할 수 있었던 이유가 있다. 이 책의 저자인 '본비님' 덕분이다. 봉사활동도 많이 하는 모습을 보면서 본비님이 굉장히 궁금해졌고, 어떤 분인지 직접 보고 싶었다. 그래서 무조건 본비님 사무실을 찾아갔다.

안타깝게도 본비님은 없었다. 다른 분이 나를 맞아주셨는데, 내가 재테크에 관심이 많다는 것을 알고 모니터로 난초를 하나 보여주었다. 난초가 눈에 익었다. 신기하게 그 난초를 처음 봤던 시간으로 순식간에 거슬러 올라갔다.

30대 때 보고 관심을 가졌던 난을 보니 운명처럼 느껴졌다. 뭔가 보이지 않는 끈이 나를 난초로 인도한 것 같았다. 고민도 하지 않고 모임에 가입했고, 경매로 220만 원짜리 난을 하나 샀다. 보통 처음 모임에 가입하면서 난 하나를 사는데, 나는 경매에서 팔리지 않은 난을 두 개 더 샀다. 그만큼 난테크로 돈을 벌 수 있다는 확신이 들었다.

혼자서 할 수 있다는 것도 좋았다. 헤어샵을 운영할 때는 15명에서 최대 50

명까지 직원을 두었는데, 직원이 많아질수록 여간 힘든 것이 아니다. 그런데 사람을 두지 않고 혼자서도 할 수 있다니 눈이 번쩍 뜨였다.

그때부터 정말 열심히 즐기면서 난초를 돌보며 키웠다.

돈 벌어다 주는 자식이 생기다

모임에 가입할 당시 내 나이가 제일 많다 보니 선물을 많이 받았다. 한 회원은 50만 원짜리 고가의 화분을 선물해주셨고, '건국'이라는 난을 선물해주신 분도 여러 명이었다.

고가의 난은 조심스러워 가두리에 두고 건국이만 집으로 데려갔다. 건국이를 데려가는데, 마치 자식을 데려가는 느낌이었다. '이 아이가 나에게 돈을 벌어다주겠지' 생각하니 그렇게 좋을 수가 없었다.

집에 가서 모임 밴드에 들어가 보니 여러 글이 올라와 있는데 그 중 '젊어서 난을 키우면 늙어서 난이 나를 돌본다'는 글이 눈에 들어왔다. 그 글을 보니 난이 더 자식처럼 느껴졌다. 결혼을 하지 않아 자식이 없는 나로서는 더 없이 든든한 자식이 생긴 것이다.

난초를 키우면서 자식을 키우는 부모의 마음을 알 것도 같았다. 행여라도 불편할까 살피게 되고, 금방 보고 돌아서도 또 보고 싶었다. 신기하게도 내 정성을 난초들도 아는 것 같았다. 시간만 나면 자주 들러 살피고, 사랑을 주곤 했는데, 늦게 대학에 가 사회복지학을 공부할 때 어쩔 수 없이 자주 못 갔다. 어렵게 시간을 내서 가 보면 어딘지 시들고 아파보였다. 기분 탓인지는 모르겠지만 내 눈에는 그렇게 보였다.

사랑으로 자식들을 키워도 모든 자식들이 돈을 벌어다 주는 것은 아니다. 마음은 있어도 대부분 자기 살기도 벅차 부모에게 돈을 줄 수 있는 자식은 많지 않다. 어쩌다 한 번 용돈은 드릴 수 있을지 몰라도 매달 일정한 금액을 드리기란 정말 어려운 일이다.

하지만 난초는 사랑을 받은 이상으로 꼭 효도를 하는 착한 자식이다. 2~3년만 사랑으로 잘 키우면 투자한 원금 정도는 쉽게 돌려준다. 어디 그뿐인가. 가끔씩 예상치도 못했던 큰 선물을 안겨주기도 한다.

몇 년 전에 250만 원 주고 산 금모단을 2년 후 800만 원에 판 적이 있다. 2년이 채 안 돼 4배에 가까운 수익을 낸 것이다. 더 짧은 기간에 수익을 배로 불리기도 했다. '천관'이라는 난을 2,500만 원에 샀는데, 6개월 만에 5천만 원에 팔았다. 당시 천관은 신아가 2개가 있었는데, 6개월 만에 신아가 2개가 더 생겨 가능했다. 보통 1년은 지나야 신아가 나오는데, 사랑과 정성을 많이 쏟아 빨리 신아가 나온 것이 아닐까 싶다. 이 밖에 700만 원에 산 난초를 1천만 원에 파는 것처럼 소소하게 수익을 올린 예는 수도 없이 많다.

난테크를 시작하고 한 동안은 좋은 종자 모으는 데 집중했다. 물론 중간 중간 필요할 때 난을 팔기도 했지만 값이 좀 올랐다고 종자 난을 팔아버리면 돈은 좀 벌겠지만 난이 없어지는 것이어서 내키지 않았다. 그래서 좋은 종자를 어느 정도 확보한 다음 신아가 생기면 떼서 분촉해서 팔았다.

난테크를 시작한지 올해(2025년)로 9년이 꽉 찼다. 그동안 자식들의 수는 일일이 수를 헤아릴 수도 없을 정도로 많아졌다. 2024년 상반기에만 6,100만 원어치의 난을 팔았는데도 여전히 많은 자식들이 든든히 나를 받쳐주고 있다. 내가 준 사랑을 배로 갚아주는 자식들 덕분에 오늘도 난 콧노래가 절로 나온다.

120살까지 가치 있게 사는 꿈을 꾼다

"난초 아가씨는 120세까지 사셔야 해요."

본비님이 나에게 자주 하는 말이다. 난초를 만나기 전에는 오래 살고 싶다는 생각을 하지 않았다. 평균 수명 100세 시대라고 하지만 오래 산다는 것이 마냥 즐거울 수만은 없는 세상이다. 100세를 살더라도 돈이 없어 궁핍하게 살거나 돈은 있어도 건강이 좋지 않아 병상에 누워 있어야 한다면, 오래 산다는 것은 축복이 아니라 재앙이다.

하지만 난초를 키우면서 생각이 바뀌었다. 이제 누군가가 "120세까지 사셔야죠"라고 말하면 "그럼요, 전 120세까지 살 거예요"라고 말한다. 돈을 벌어다 주는 난초들이 있고, 난초를 돌보면서 몸도 건강해지니 못 할 것이 없다.

좋은 사람들과 함께 하는 일도 더없이 즐겁다. 난테크를 하면서 좋은 점은 확실한 수익을 얻을 수 있다는 것 외에도 좋은 사람들을 폭넓게 만날 수 있다는 것이다. 80세 먹은 할머니가 20대부터 80대까지 세대 차이 느끼지 않고 즐겁게 소통할 수 있는 것은 다 난초라는 공통점이 있기 때문이다.

난초 덕분에 오랜 꿈을 실현시킬 수 있는 가능성도 커지고 있다. 아주 오래 전부터 가치 있는 삶을 살고 싶었다. 나 혼자만 사는 것이 아니라 더 많은 사람들이 행복할 수 있는 세상을 만드는 데 일조할 수 있다면 그것만으로도 삶의 의미가 있다고 생각했다.

나를 믿고 난테크를 하는 분들이 느는 것도 빼놓을 수 없는 보람이다. 그동안 난테크를 하면서 한 번도 먼저 난테크를 해보지 않겠느냐고 제안한 적이 없다. 그런데 오랫동안 꾸준히 난테크를 하면서 돈을 벌고, 무엇보다 늘 행복하게 사는 모습을 보고 먼저 관심을 보이기 시작했다. 그 중에는 돈의 속성을 누구보다도 잘 아는 은행 지점장님도 있고, 같은 교회에 다니는 분들도 있다.

누군가에게 신뢰를 얻는다는 것은 멋지고 행복한 일이다. 나를 전폭적으로 믿어주는 사람이 있다는 것만으로도 삶의 가치는 한층 높아지는 것이 아닐까? 120세를 사는 것 자체는 목적이 될 수 없다. 건강하게, 더 많은 가치를 실현하며 120세까지 살고 싶다. 난초와 함께 하는 지금 그 꿈은 조금씩 이루어지고 있는 중이다.

매달 500만 원 연금?
풍란 덕분에 가능해졌어요

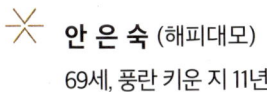

안 은 숙 (해피대모)
69세, 풍란 키운 지 11년

젊은 시절, 20여 년간 보험 일을 했다. 워낙 사람들을 좋아하는 성격이라 일은 어렵지 않았다. 보험 왕까지는 아니라도 꽤 실적이 좋았고, 보람도 있었다. 보험설계사로 시작해 나중에는 관리자로 일했는데, 50대 중반이 넘어가면서 남은 인생을 어떻게 살아야 하나 고민이 되었다. 계속 일을 하면 돈을 벌 수는 있겠지만 70~80세가 될 때까지 보험 일을 하기가 쉽지 않고, 무엇보다 너무 힘들게 일하지 않고도 노후에 안정적으로 생활할 수 있는 연금 시스템을 만들고 싶었다.

당시 만 61세가 되면 국민연금을 받을 수 있었는데, 남편과 나의 연금을 합하면 약 200만 원이 조금 넘을 것으로 예상되었다. 그것만으로는 여유로운 노후생활을 하기 어렵다고 생각했다. 최소한 국민연금만큼은 더 있어야 하지 않을까? 그렇다면 어디에 투자를 해야 안정적인 수익을 얻을 수 있을까?

그런 고민을 하다 만난 것이 '풍란(부귀란)'이었다.

이 조그만 풀이 왜 그렇게 비싼 거야?

젊은 시절부터 워낙 식물 키우는 것을 좋아했다. 식물을 좋아하다 보니 집에서 관상용으로 키우는 식물은 웬만하면 다 알았는데, 풍란(부귀란)은 낯설었다. 난이라고는 하는데, 주변에서 흔히 보던 난과는 많이 달랐다. 게다가 조그맣고 별로 예쁘지도 않은 녹색 풀 같은데, 가격이 엄청났다.

솔직히 풍란을 보면서 '이게 정말 돈이 되나' 반신반의했다. 하지만 난테크를 소개해준 분들이 워낙 믿을 만한 분들이라 확신이 서지 않는데도 난테크에 발을 들여놓았다.

제일 처음 산 난은 210만 원짜리 금모단이다. 5만 원짜리 건국이도 몇 개 샀다. 2014년도의 일이었는데, 그때만 해도 가두리가 없어 집으로 가져갔다. 집으로 가는 길 내내 덜덜 떨었다. 식물을 많이 키워보긴 했지만 처음 보는 난을 과연 내가 잘 키울 수 있을지 자신이 없었다.

걱정이 무색하게 풍란은 잘 자랐다. 흙에 뿌리를 내린 식물을 키울 때는 흙이 마르는 것을 알기가 어려워 제때 물을 주지 않아 죽이는 경우가 많다. 그런

데 풍란은 흙이 아닌 수태에서 자라는데다 화분 밑이 뚫려 있어 그 속에 손을 넣어보면 말랐는지, 과습인지 알 수가 있다. 만져보아서 말랐으면 스프레이로 수태가 흠뻑 젖을 때까지 주면 된다.

키우는 데 자신이 붙으면서 난테크를 시작한 다음해(2015년) 1월에 경매를 통해 60만 원 짜리 금모단을 샀다. 한창 재롱을 부려 눈에 넣어도 아프지 않은 4살짜리 손자에게 선물로 주기 위해서였다. 손자가 복이 많은지 집에 데리고 오자마자 신아가 4개나 생겼다. 2년 정도 키운 다음 60만 원에 샀던 금모단을 340만 원에 팔고, 다시 320만 원에 더 좋은 금모단을 샀다.

엄마 풍란에서 나온 자촉은 3년을 키우면 분촉해 팔 수 있다. 320만 원에 다시 산 금모단에서도 자촉이 많이 나왔는데, 아직 손자가 어려 돈이 필요 없으니까 분촉해 팔아 다시 난을 사주기를 반복했다. 그래서 손자에게 주려고 60만 원에 샀던 금모단은 지금 현재 약 1,500만 원 정도의 가치로 불어났다.

풍란을 열심히 키우다 보면 행운이 찾아오기도 한다. 180만 원을 주고 금모단을 샀는데, 시간이 지나면서 잎에 없던 무늬가 생겼다. 덕분에 불과 1년 반 만에 1천만 원에 팔 수 있었다. 500만 원을 주고 산 난초도 1년 조금 넘게 키웠을 때 무늬가 생겨 2,200만 원에 팔기도 했다.

이제 누군가 예전의 나처럼 "이 조그만 풀떼기가 왜 이렇게 비싼 거야?"라고 묻는 사람이 있다면 나의 대답은 이렇다.

"비싼 값을 하니까 비싼 거예요."

아들, 손자 같이 풍란을 키워요

손자는 일찌감치 풍란 키우기에 동참했다. 60만 원짜리 금모단을 사서 "이건 네 거야"라고 알려줬더니 관심을 많이 보였다. 어린아이 특유의 호기심으로 만져보고 싶어 하다가도 "만지면 안 돼요"라고 말하면 꾹 참았다. 스프레이로 물을 줄 때도 직접 주고 싶어 했는데, 어린아이도 자기 것이라 생각하니 애착이 많았던 것 같다. 그 손자가 초등학교 6학년 때 공부하기 싫다며 난만 키우면 안 되냐고 물은 적이 있다. 아직 어려 진지하게 받아들일 말은 아니지만 성인이 되었는데도 계속 난에 관심이 많다면 무조건 말릴 일만은 아니라고 생각한다. 좋은 것에 대한 조기교육과 인지가 중요한 셈이다.

손자 몫으로 산 난초를 키우고 팔아 늘리는 과정은 가족 단톡방에 꼬박꼬박 올렸다. 이걸 얼마에 샀는데, 얼마에 팔았고, 그걸로 뭘 샀는지 시시콜콜 올리니 어느 날 딸이 "알았어, 알았어. 3천만 원 투자할 테니 좋은 걸로 사줘"라며 관심을 보였다.

아들은 돈보다는 노동력을 제공하고 있다. 난초가 많아지면서 해야 할 일도 늘어 자주 들여다봐야 하는데, 경북 김천에서 인천을 자주 올라오기란 쉬운 일이 아니었다. 그런데 마침 아들은 서울에 살고 있어 상대적으로 가두리를 오가기가 편해 도와달라고 부탁했다. 대신 수고비를 주겠다고 하니 아들도 흔쾌히 수락했다.

수고비는 분갈이 한 번에 5천 원 식으로 책정해서 일한만큼 주기도 하고, 돈이 아닌 난으로 주기도 한다. 처음에는 현금으로 받는 걸 좋아하더니 난테크의 흐름을 알고 난 후에는 난으로 주는 걸 더 좋아한다.

결과가 좋지 않은 재테크는 가정 불화의 씨앗이 되기도 한다. 그런데 아들, 딸, 손자, 남편의 전폭적인 지지를 받으면서 난테크를 할 수 있다니 이 얼마나 행복한 일인가. 가족들이 함께 난을 보면서 행복한 미래를 준비할 수 있다는 데 감사한다.

남편의 빈자리를 채워 준 난초, 이제는 든든한 연금

2014년 난테크를 시작했을 때 남편은 내 옆에 없었다. 그해 3월에 중동으로 일하러 갔기 때문이다. 남편이 출국한 지 약 반 년 만에 풍란을 키우기 시작했는데, 키우면 키울수록 풍란이 갖고 있는 묘한 매력이 나를 사로잡았다. 들여다보고 있으면 시간 가는 줄 몰랐다.

남편이 중동에서 일하는 동안 정말 열심히 난을 키웠다. 중간 중간 애지중지하던 난을 팔아 큰 수익을 얻기도 했지만 지금까지는 수익을 챙기기보다는 가치 있는 난의 수를 늘리는 데 집중했다. 남편이 일을 해서 수입이 있었고, 당장 큰돈이 필요하지도 않아 굳이 난을 팔 일이 없었다. 그래서 자촉이 생겨 자라면 따로 분촉을 해 더 키우거나 팔아서 더 좋은 품종을 사면서 자산을 업그레이드했다.

난이 많아질수록 난실을 찾는 횟수도 늘어났다. 집이 경북 김천이라 처음에는 한 달에 한 번 오기도 바빴다. 그러다 어느 정도 난이 많아진 후에는 매주 토요일 날 새벽에 KTX를 타고 올라왔다 밤 11시 17분 막차를 타고 내려갔다.

그렇게 2년을 보내다 보니 하루를 더 있고 싶어졌다. 마침 2023년에는 남편이 퇴직해 귀국한 상태라 함께 가두리에 와 호텔에서 하룻밤 자고 다음날 한 번 더 난을 보고 내려갔다. 시간이 지나면서 하루가 이틀로 늘었다. 몇 달을 호텔에서 지내다 보니 차라리 난실 근처에 집을 얻는 것이 좋겠다는 생각이 들었다.

지금은 목요일에 올라왔다 3일을 자고 월요일에 내려간다. 돌봐야 할 난이 많아져서 할 일도 많고, 남편도 퇴직한 후 소일거리가 생겼다며 즐거워하기 때문이다. 남편은 난을 키운 지 얼마 안 되는 데도 수태빵을 아주 잘 만든다.

애초에 난테크를 시작할 때 국민연금 200만 원과 합쳐 500만 원의 연금을 만드는 것이 목표였는데, 이미 그 이상이다. 난테크를 하면서 친구가 많이 생겼다는 것도 너무 좋다. 돈이 아무리 많아도 함께 나누고 소통할 친구가 없다면 남은 삶이 두려울 수 있다. 그런데 20대부터 80대 친구, 그것도 말 잘 통하는 친구들이 있으니 걱정이 없다. 행복한 노후를 위한 모든 준비는 끝난 셈이다.

힐링과 재테크,
두 마리 토끼를 다 잡았어요

최유미 (엘앤앤)
40대 후반 워킹맘, 풍란 키운 지 11년

한국에서 워킹맘으로 산다는 것은 슈퍼우먼이 되어야 한다는 것과 같다. 아이들에겐 엄마로, 부모님들에겐 자식으로, 남편에겐 아내로 그리고 직장에서는 커리어우먼으로 살려면 자신을 돌볼 시간은 기대조차 할 수 없다.

워킹맘으로서의 삶은 고단하다. 매일 아침부터 바쁘게 움직이며, 수많은 일을 동시에 처리하며 산다. 오랫동안 멀티태스킹을 하다 보니 많이 익숙해지긴 했지만 정신없이 일주일을 보내고 나면 진이 빠져 손가락 하나 까딱하기 힘들 때도 있다. 몸이 피곤하기도 하지만 여러 일을 실수 없이 처리하느라 온몸의 신경이 곤두서 마음이 더 힘들다.

그런 나에게 위안을 주고, 다음 한 주를 또 활기차게 살 수 있게 해준 것이 '풍란'이다. 처음 풍란을 만나고 걱정을 많이 했다. 워낙 식물을 키우는 데 재주가 없어 오래 키운 식물이 없었는데, 풍란은 똥손인 나를 만나서도 씩씩하게 잘 자랐다. 그런 풍란을 보면서 왠지 모르게 마음이 편해지고 에너지를 얻었다. 그러면서 나도 모르는 사이에 그 작은 난초에 빠져들었다.

일본의 한 애란인을 보고 재테크에 도전!

취미로 풍란을 키우기 시작한 지 2년쯤 지난 어느 날이었다. 우연히 일본의 한 애란인 이야기를 듣게 되었다. 남편이 세상을 떠난 후, 남편이 키우던 풍란이 시장에서 고가에 팔리는 부가가치가 높은 난초라는 것을 알고 풍란을 가꾸기 시작했다는 이야기이다.

당시 그분의 나이가 70세 정도였던 것으로 기억하는데, 난실에서 난초를 가꾸는 모습이 담긴 사진을 보면서 묘하게 마음이 움직였다. 난초를 바라보는 표정이 더 없이 평화로웠다. 게다가 풍란을 키우면서 경제적인 걱정 없이 노후를 보내고 있다는 것도 신선했다. 나의 노후도 저렇게 평화로웠으면 좋겠다는 생각이 들었고, 풍란 재테크에 도전하기로 마음먹었다.

취미가 아닌 재테크로 전환하면서 처음 산 품종은 화천, 흑금강, 라사복륜, 천혜복륜이었다. 가격이 상대적으로 비싸지 않아 애란인들이 입문용으로 선

호하는 품종들이다. 고급 품종도 구매했다. 200만 원 주고 산 '금모단'이라는 품종인데, 일본에서 오랜 세월 동안 사랑받았고, 현재는 한국과 다른 나라에서도 널리 알려진 인기 많은 난초이다.

금모단을 키우다 보면 왜 금모단이 꾸준히 사랑받는지 저절로 알게 된다. 노오란 개나리 서반과 혈묵, 그리고 비둘기 피의 색깔처럼 선명한 루비근을 보면 금모단의 매력에 빠질 수밖에 없다. 다른 품종과는 달리 금모단은 실생이 안 돼 가격이 떨어질 위험도 거의 없어 투자용으로도 좋다.

본격적으로 난테크를 시작하면서 갖고 싶은 난도 많아졌다. 하지만 처음에는 남편에게 풍란의 몸값을 공개하지 않고 내가 갖고 있는 비상금으로만 투자하다 보니 한계가 있었다. 마음에 드는 난이 있어도 주머니 사정으로 아이 컨택만 하고 쓸쓸히 뒤돌아서곤 했다.

경제적인 이유로 갖고 싶은 마음을 누르기만 하기에는 풍란의 매력이 차고 넘쳤다. 풍란이 주는 독특한 매력에 빠지면서 투자 규모를 늘려갔고, 남편에게 지지를 받으면서부터는 좋은 난초를 살 수 있는 기회를 놓치지 않을 수 있었다.

사실 그동안 난초를 적극적으로 팔지는 않았다. 애란 생활 2년차 쯤 처음 구매했던 금모단을 분양해 처음으로 수익을 얻었다. 친분이 있는 분이 원해 분양한 것이지, 수익이 목적은 아니었다.

높은 수익률의 짜릿함을 경험하게 해준 것은 '어신도'라는 품종이다. 작은 종자목을 2년간 키워 약 300%의 높은 수익을 올렸다. 자람도, 본예도 훌륭했고, 무엇보다 가치를 알아봐주신 분 덕분에 큰 수익을 올릴 수 있었다.

그 외 소소하게 수익을 올린 사례는 더 있지만 그동안 판매보다는 좋은 종자를 늘리는 데 집중했다. 덕분에 좋다는 난초는 대부분 갖고 있다. 그 난초들을 보고만 있어도 너무나 든든하다.

내 난실에 맞는 맞춤 배양이 신의 한 수

풍란의 가장 큰 매력 중의 하나가 '변이'이다. 예측할 수 없는 모습으로 변이하면 가치 또한 천정부지로 뛴다. 그래서 많은 애란인들이 변이를 기대하며 풍란을 지극정성으로 키운다. 그런 면에서 나는 참 복이 많다. 내가 난초를 키우면 비교적 변이가 잘 일어난다. 가끔은 그만큼 열심히 키워 선물을 받는 느낌이 든다.

취미로 키우다 투자로 전환하면서 배양법을 열심히 공부했다. 앞서 난초를 키운 분들에게 조언을 구한 것은 기본이고, 풍란 배양법을 다룬 다양한 자료들을 찾아가며 잘 키우는 방법을 연구했다. 학창시절에 그렇게 열심히 공부했으면 미국 아이비리그에도 너끈히 갈 수 있었을 것 같다.

풍란을 다룬 블로그, 카페, 일본 애란인들의 사이트도 부지런히 방문하며 그들의 핵심 노하우를 얻기 위해 많은 노력을 기울였다. 그러면서도 다른 사람들로부터 얻은 노하우를 무조건 받아들이기보다 내 난실 환경에 맞는 나만의 배양법을 찾으려고 애썼다.

많은 사람들이 요리 레시피를 찾듯이 배양법도 정형화된 방법을 원한다. 그러나 같은 레시피로 음식을 만들어도 맛이 다르듯, 내 난실 환경을 고려하지 않고 남이 하는 대로만 따라 한다면 분명 문제가 발생할 수 있다고 생각했다.

모든 이들이 처한 환경은 다 다르며, 해마다 변덕스러운 날씨 또한 변수로 작용한다. 그래서 나는 풍란을 키우는 기본 원칙은 지키면서도 내 난실에 맞는 맞춤 배양을 하는 데 몰두했다. 그런 노력이 건강하게 풍란을 키우고, 변이가 일어나 풍란의 가치를 높이는 데 일조했다고 생각한다.

공부하고 배우며 습득한 지식을 바탕으로 풍란을 배양하면서, 풍란이 멋지게 지러니는 모습을 볼 때마다 큰 희열을 느낀다. 또, 그 가치를 인정해주는 사람들이 있어 더욱 열심히 풍란을 하게 된다.

난실에서의 시간, 가장 달콤하고 행복한 시간

열심히 난초를 키워 수익을 창출하는 것도 즐거운 일이지만 나로서는 풍란과 함께 하는 시간 자체가 너무 소중하다. 정신없이 바쁜 한 주를 보내고 난실에서 보내는 그 몇 시간은 정말 달콤하고 행복한 순간이다. 하나하나 난들의 생육 상태를 살피며 사진으로 기록하는 동안, 마치 방전된 에너지가 다시 충전되는 듯한 기분이 든다. 그 어떤 일을 할 때보다 가장 큰 즐거움과 만족을 선물해 주는 소중한 시간이다.

젊은 시절, 업무와 집안일에 매달려 바쁘게 살다가 점차 나이가 들어가면서 일이 줄어들어 공허함과 우울함을 느끼는 선배들을 많이 보았다. 그런 선배들을 보면 나이가 들수록 소소하게 즐길 수 있는 일이 필요하다는 생각을 하게 된다.

그런 면에서 일찌감치 풍란을 만난 나는 행운아인 것 같다. 나이가 들어 은퇴하고, 아이들이 자라 내 곁을 떠나도 걱정이 없다. 나의 관심과 사랑을 쏟아야 할 풍란이 있으니 외롭지 않고, 성서적으로 안정될 수 있으며, 활기치게 살 수 있기 때문이다. 풍란과 함께 이 달콤하고 행복한 시간을 오래오래 누리고 싶다.

22년간의 고민,
풍란 덕분에 해결했어요

박 상 배 (아하난초)
40대 중반, 풍란 키운 지 6년차

나에겐 22년 동안 풀지 못한 숙제가 있었다. 군대를 제대한 후 25살 때부터 주식을 시작했다. 당시만 해도 주식투자를 하는 20대는 많지 않았다. 남들보다 일찍 재테크에 눈을 떴고, 오랜 세월 꾸준히 주식투자를 해왔다.

주식투자를 하는 동안 우여곡절이 많았다. 3~7년은 죽어라 하고 일해야 벌 수 있는 큰돈을 몇 달간의 주식투자로 손에 넣은 적도 있지만 실패로 값비싼 수업료를 지불한 경우가 훨씬 많았다. 다행히 투자에 대한 경험이 쌓이면서 손실보다는 수익이 나는 상황이 늘어났지만 오랜 시간 꾸준히 주식투자를 한 것에 비해서는 결과가 초라했다. 고생한 것이 비해서는 큰 자산을 만들지 못했다.

주식투자로 큰 부자가 된 사람도 많다는데, 왜 22년 동안이나 열심히 노력했는데도 돈이 모이지 않는 걸까? 노력한 만큼 안정적인 수익을 보장해주는 새로운 돌파구가 필요했다.

주식과 부동산의 강점을 결합해야 안전하다고?

솔직히 40대 중반까지만 해도 노후에 대한 걱정을 별로 하지 않았다. 꽤 오랫동안 자기계발 강사로 활동하면서 입지를 굳혔고, 독자적으로 사업체를 꾸린 후에도 큰 문제없이 순항했다. 열심히 일한 만큼 충분한 대가를 얻었기에 당장 큰 자산은 모으지 못했어도 미래가 그렇게 불안하지도 않았다. 늘 그래왔듯이 최선을 다해 일하면 길이 열릴 것이라 믿었다.

하지만 40대 중반이 넘어가면서 생각이 달라지기 시작했다. 일을 해서 얻은 소득만으로는 자산을 형성하기가 쉽지 않았다. 코로나19가 기승을 부렸던 몇 년 동안은 사업이 정체돼 현상유지를 하기에도 바빴다. 그나마 주식에서 수익이 조금씩 났지만 생활비로 보태고 나면 그만이었다.

어떻게 해야 돈을 벌 수 있을까? 주변에서 주식으로 큰돈을 번 분들을 찾아 돈 버는 비기를 알아내려고 무던히 노력했다. 대부분 쉽게 가르쳐주지 않았다. 그러던 어느 날 우연히 주식과 부동산으로 큰 부자가 된 분에게 귀한 정보를 얻게 되었다.

비결은 생각보다 간단했다. 그 분은 주식으로 번 돈을 의도적으로 부동산에 투자했다.

"주식은 불의 성질이 있어 계속 가지고 있으면 다 타서 재만 남는 특성이 있어요. 그래서 빈손이 안 되려면 물의 성질을 갖고 있는 부동산으로 보완할 필요가 있어요. 부동산은 쉽게 사고팔지 못하니 가지고 있을 수 있고, 녹아서 없어지지도 않지요. 실체가 있으니 보완이 됩니다. 주식과 부동산의 강점을 결합하면 자산이 복리로 늘어날 가능성이 커집니다."

사실 그동안 주식투자는 꾸준히 했지만 부동산에는 큰 관심을 두지 않았던 나로서는 아차 싶었다. 서둘러 부동산 시장으로 눈을 돌려보았지만 푸념만 나왔다. 그때가 2020년이었는데, 이미 부동산이 오를 대로 올라 갭 투자를 하

려고 해도 거금이 필요했고, 무엇보다 가성비 있는 알짜배기 부동산을 찾기가 어려웠다. 주식으로 소소하게 벌어들이는 수익으로 부동산 투자를 하기는 불가능에 가까웠다.

한 손에 들어오는 실물자산, 부동산이 부럽지 않다

난감했다. 어떻게 해야 할까? 고민하던 중에 본비님을 통해 풍란(부귀란)을 만났다. 지금껏 보았던 난초와는 다른 모양새가 호기심을 부르고, 하얀 꽃에서 풍겨 나오는 향기가 매혹적이긴 했지만 손바닥만 한 작은 풍란이 돈이 될 수 있다는 것이 믿기지 않았다. 하지만 풍란에 대한 이해가 넓어지고, 풍란을 키워 수익을 내는 분들을 만나면서 확신이 서기 시작했다.

부동산 가격이 너무 비싸 주식과 부동산을 시기적절하게 바꿔 타면서 수익을 극대화하는 재테크는 내게는 넘사벽이었다. 그런데 부동산과 마찬가지로 실물자산 역할을 할 수 있는 풍란이라면 어떨까? 주식으로 돈을 벌어서 부동산을 살 수는 없지만 풍란은 가능했다. 예가 좋고, 환금성이 좋은 우수 종자를 사면 불처럼 사라져버릴 수 있는 주식의 단점을 보완할 수 있다는 결론에 이르렀다.

　자금이 넉넉지 않아 처음에는 적은 돈을 투자할 수밖에 없었다. 돈도 돈이지만 자타가 공인하는 똥손인 내가 과연 풍란을 잘 키울 수 있을지 걱정이 앞섰다. 풍란은 열악한 환경에서도 살아남을 수 있는 강인한 식물이지만 100% 죽지 말라는 법은 없다. 잘 키우지 못해 행여 죽기라도 하면 그대로 손실로 이어지기도 한다. 실제로 처음 1~2년 동안은 풍란이 죽기도 했다. 돌이켜 보면 기본을 잘 지키지 않은 내 탓이 크다.

　풍란을 시작한 지 햇수로 6년이다. 풍란은 한 촉에서 3~5년이 지나면 자촉이 2~4촉 정도 나온다. 자촉이 모촉과 같은 크기로 성장하는 데는 2~4년이 소요된다. 품종별로 조금 다르지만 자촉이 나오면 모촉은 팔고 자촉은 남겨두거나 자촉을 한 촉 분양해서 팔고 남은 모촉과 자촉은 지킬 수도 있다. 중간에 조금씩 모촉이든, 자촉이든 팔아 수익을 챙기면서도 10년쯤 풍란을 꾸준히 키우면 화분 하나가 4~5개 화분으로 늘어난다. 이처럼 복리의 마법처럼 시간이 흐를수록 수가 배로 늘어나는 것이 풍란의 매력이다.

　그동안 키운 난을 팔 기회가 있었지만 아직까지 나는 당장 수익을 실현하는 것보다는 부귀란을 늘리는 데 집중하고 있다. 자촉이 나와도 팔기보다는 크게 키우고, 작게라도 수익을 실현하면 더 좋은 품종을 사는 데 투자하는 중이다.

　2024년부터는 본격적으로 난 수를 늘리는 데 집중하고 있다. 그것도 가능한 한 쉽게 구할 수 없는 귀한 품종으로 말이다. 꽤 큰돈을 투자했지만 난테크가 원금손실 없이 고수익을 보장하는 재테크라는 확신이 있기 때문에 불안하지 않다. 꼭 큰돈을 투자해야 난테크를 할 수 있는 것은 아니지만 크게 투자하면 그만큼 수익을 회수하는 기간이 짧아지고, 수익의 규모도 투자에 비례해 커진다. 난테크의 가능성을 확인한 이상 주저할 이유가 없었다. 그동안은 난테크를 경험하면서 가능성을 확인하느라 잔뜩 움츠려 있었다면 이제는 높이 뛰어오를 일만 남았다. 그 첫발은 이미 뗐다.

돈을 주고 살 수 없는 행복에 취하다

시간이 지날수록 자산가치가 늘어나는 것을 보는 재미도 쏠쏠하지만 개인적으로는 풍란을 키우면서 건강이 많이 좋아졌다. 내가 하는 일은 머리를 많이 써야 하는 정신노동이다. 그러다 보니 고민이 많아 수면의 패턴이 불규칙했다. 심각한 불면증은 아니지만 고민이 많은 날에는 잠이 빨리 안 들어 고생하거나 자더라도 깊은 잠을 못 자는 날들이 있었다.

그랬던 내가 풍란을 키우면서 정신적 스트레스가 많이 줄고 수면패턴도 안정을 찾았다. 초록색 풍란을 보는 것만으로도 힐링이 되고, 식물에서 나오는 음이온이 호흡을 통해 몸속으로 전달되면서 지친 몸과 마음을 정화시켜준 덕분이다. 또한 풍란은 1년에 2~3회 분갈이를 해줘야 하는데, 힘든 노동은 아니지만 수태를 분갈이해주느라 약간의 육체노동을 한 날에는 어김없이 깊은 잠을 잘 수 있었다.

무엇보다 평생 놀이터가 생긴 기분이어서 좋다. 주변에서 은퇴한 분들을 보면 대부분 어떻게 시간을 보내야 할지 고민한다. 나는 은퇴를 하더라도 풍란이 있어 심심할 새가 없을 듯하다. 풍란을 돌보고, 자라는 모습을 지켜보는 것만으로도 삶이 에너지가 넘치고 풍요로워지니까 말이다.

실제로 난실에 70세가 넘은 분들도 많은데, 그 분들의 얼굴에는 생기가 넘친다. 행동도 젊은 사람 못지않게 에너지가 넘친다. 그 분들을 볼 때마다 나의 20년 후의 모습을 미리 보는 것 같아 즐겁기만 하다. 70세, 80세가 되어도 풍란을 돌보면서 에너지를 얻고, 노후를 걱정하지 않을 만큼의 수익을 얻을 수 있으니 어찌 즐겁지 않을 수 있을까. 그래서 난 오늘도 난실에 가는 것이 더 재미있고 보람 있다. 앞으로 내 주변의 사람들과 난실 한 동을 만들어 풍란을 키우면서 모두 함께 정신적으로도, 물질적으로도 풍요로운 삶을 사는 것이 나의 바람이다.

취미와 자산을 농사짓는 도시농부의 평생 취미·평생·소득 전략

PART

6

난 부자 되는
기본 핵심 난초
30선 공개

난테크에 성공하려면 기본적으로 난초에 대해 알아야 한다.
주식을 아무리 잘 알아도 종목 선정에 실패하면
패가망신하듯이 난초도 종목선정이 매우 중요하다.
이 책에서는 전설의 부귀란과 환상의 신풍란
그리고 기적의 K-풍란을 각 10종씩 선정해 소개했다.
물론 이 외에도 멋지고 돈을 많이 벌어다주는 풍란(부귀란)이 많지만
미처 다 소개하지 못해 아쉽다.
이 책에 소개한 풍란은 시대를 초월해 언제나 큰 인기를 누렸고,
그만큼 수익성이 보장되는 명품 풍란들이다.
또한 잎으로 짐짐 더 기치가 키질, 미래를 주도할 퓸란들이 대부분이다
이 중 마음을 움직이는 풍란을 선택해 키워 본다면
어느새 난 부자, 난 고수가 되어 있을 것이다.

고전 명품,
전설의 부귀란 10선

서시(西施), 왕소군(王昭君), 초선(貂蟬), 양귀비(楊貴妃)는 중국의 4대 미녀로 시대를 초월한 미모와 전설적인 이야기를 통해 지금까지 '아름다움의 대명사'로 불리며 사랑받고 있다.

난초 중에서도 예로부터 고결함, 우아함, 품격의 상징으로 오랜 역사를 갖고 있는 부귀란은 특히 전설적인 미모의 난초와 아름다운 스토리를 품고 그 명성을 오래 이어가는 난초가 많다. 그래서 우리는 전설적인 난초를 길러야 하며, 그 난초가 시대를 초월하여 가치 있는 전설로 자리 잡게 하여 후대에 잘 물려주어야 한다.

일본 부귀란의 족보 명감의 상단에 꼭 등장하는 난초들이 있다. 시대가 변해도 변치 않는 영원불멸의 인기를 자랑하는 전설의 난초 '부귀란 10선'이다.

언제보아도 풍란 마니아들의 가슴을 설레게 할 전설의 부귀란!

이 난초들은 마치 중국의 4대 미녀를 만나는 것처럼 혹은 월드컵 슈퍼스타들처럼 언제나 팬들의 마음을 사로잡는다.

01

부와 귀함을 상징하는 단 하나의 난초
부 귀 전

난초를 키운다면 가장 먼저, 그리고 반드시 키워야 할 단 하나의 품종이 바로 '부귀전'이다. 이 난초는 일본 큐슈 오이타현에서 처음 발견되어 '왕복륜'이라 불리다가 1930년 '동경부귀란회'에서 '부귀전'이라는 이름으로 명명된 후 일본 부귀란계의 상징으로 자리 잡았다. 1939년 일본에서 처음으로 부귀란 명감이 등장했을 때부터 지금까지 단 한 번도 1등 자리를 내준 적 없는, 레전드 중의 레전드다.

100년 가까운 시간 동안 '부귀란의 왕좌'를 지켜온 부귀전은 이름처럼 고급스러움과 부귀(富貴)를 상징하는 난초로 여겨지며, 키우는 것만으로도 강력한 기운을 불러온다. 이러한 상징성 때문에 부귀전을 잘 키우는 사람들은 큰 자부심을 갖게 된다.

다른 품종들이 유행을 타고 가격이 오르락내리락하는 것과 달리 부귀전은 항상 수요가 많았다. 가치를 꾸준히 인정받고 있으며 가격이 크게 흔들리지 않는다. 그래서 부귀전은 서로 더 좋은 종자를 구하거나 좋은 종자를 평생 오래 키우거나 혹은 몇 화분이고 수량을 늘려가면서 키우는 사람들이 많다

부귀란을 뭐부터 시작할까 고민한다면 가장 먼저 부귀전을 추천한다. 이것저것 고민 말고 부귀전부터 시작하면 탈이 없다. 부귀란을 시작하는 사람 모두가 반드시 키우게 되고, 키울 수밖에 없는 것이 바로 '부귀전'이 아닐까 싶다. 모두가 키워야 하기에 가격이 안정되고, 촉수가 늘어나는 대로 소비가 되는 특별한 난초이다. 그래서 뭐든지 이름이 중요한 것 같다. 모든 난초 애호가들이 인정하는 전설의 품종을 직접 경험하여 미래의 부와 귀함을 함께 소유하기 바란다.

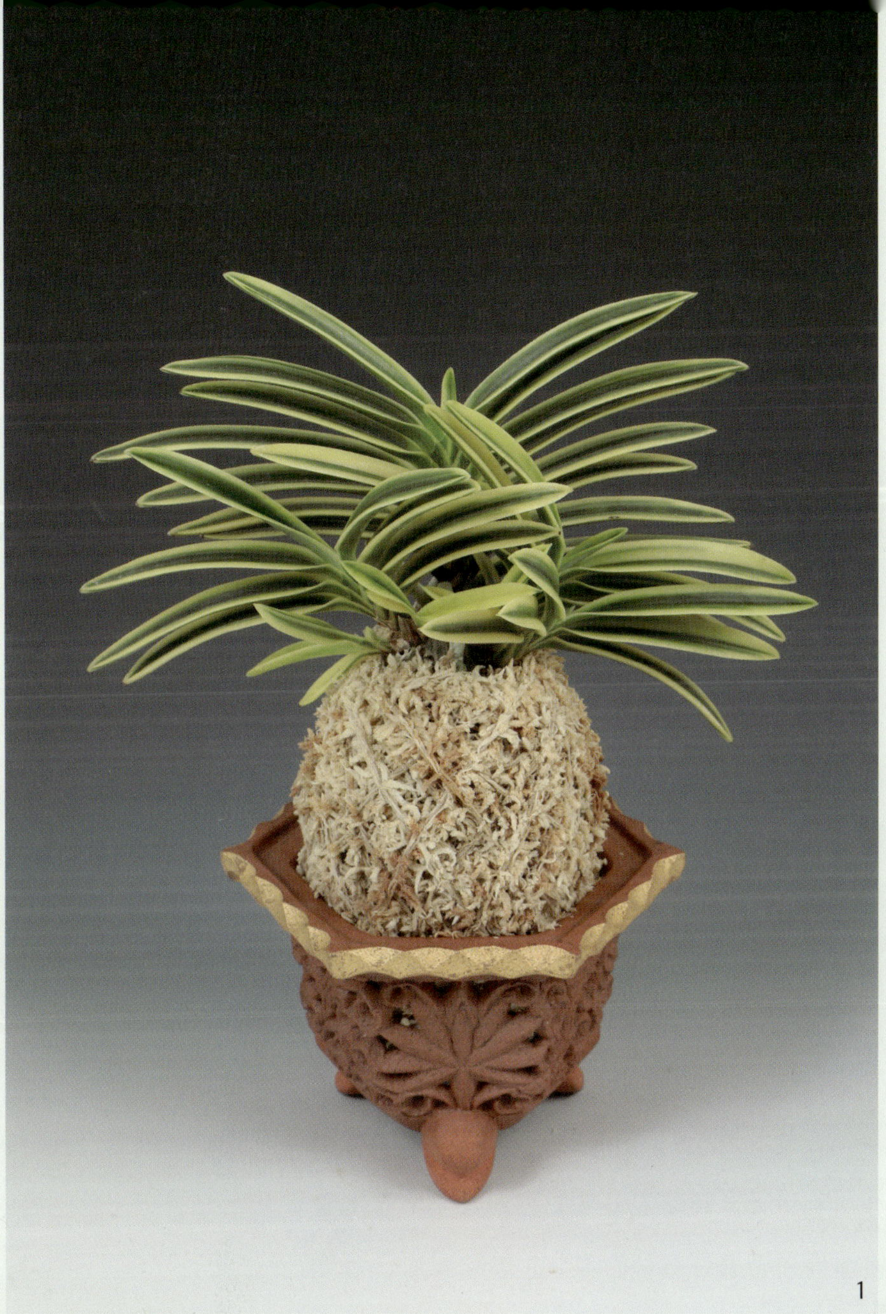

1

2

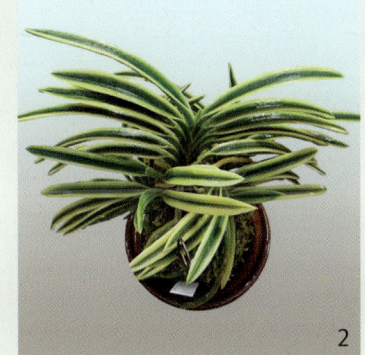

1. 100년 동안 부귀란의 왕좌를 지켜온 부귀란계의 상징,부귀전
2. 저자가 배양 중인 부귀전

02

살아있는 화폐, 소장하는 순간 가치가 빛난다
금모단

 풍란의 세계는 정말 깊고 넓어서 정신을 차리지 않으면 내가 생각지도 못한 풍란들로 나의 소중한 난실이 가득 차 버릴 수 있다. 그래서 한정된 공간에서 최상의 즐거움을 갖기 위해 '기쁨의 끝판왕'이라 불리는 '금모단'을 많이 키운다. 사실 인기로 치면 이미 부귀전을 훌쩍 뛰어넘었다는 소문이 있다.

 루비와 다이아몬드가 희귀할수록 가치가 올라가듯 금모단도 희소성과 아름다움 덕분에 늘 최상의 가치를 인정받아 왔다. 특히 우리나라 사람들의 금모단 사랑은 끝이 없다. 일본 또한 부귀란 중에서도 금모단을 최고로 인정하고 있으며 마치 화폐를 키우듯 난초를 키우고 있다.

 금모단은 일본과 한국 동시에 모두 인기가 있고, 또한 한 사람이 50~100화분씩 금모단만 중독처럼 집중하여 컬렉션하기도 해 경기만 좋으면 항상 품귀 현상이 일어난다. 상인들에 의해 금모단은 한국과 일본 현해탄을 오가고, 마치 무역품처럼 때론 화폐처럼 거래되는 프리미엄 컬렉션 아이템이다.

 금모단의 가장 큰 특징은 잎에 황금색 서반이 있다는 것이다. 이 금빛 무늬가 마치 황금빛 태양 같아서 보는 사람마다 넋을 잃곤 한다. 또한 금모단 서반에 살짝 여린 붉은 혈묵은 건강한 힘을, 루비근 유리구두는 신선하고 고급스러우며 신비로운 느낌을 더해준다.

 금모단은 인기도 많지만 누가 난초를 잘 키우느냐의 척도가 되기도 하고, 누구의 금모단이 좋은가 화제를 몰고 다니기도 한다. 샛노란 황금 천엽에 새빨간 유리구두 루비근이 나오며 햇빛을 등지고 있을 때는 그 어떤 석양보다 아름답다. 보석이 시간과 함께 빛을 더하듯, 금모단 역시 세월이 지날수록 더욱 빛나는 멋진 난초이다.

1. 샛노란 황금 천엽은 금모단임을
   한 눈에 알게 해주는 대표적인 상징이다.
2. 한국과 일본 모두에서 인기 있는 부귀란.
   화폐처럼 거래되는 프리미엄 컬렉션
   아이템이다.

03

변화무쌍한 매력이 넘치는 부귀란의 숨은 보물
흑모단

금모단과 형제 난초인 흑모단. 이 둘은 왔다 갔다 두 집 살림살이를 하는 사촌 형제 같은 품종이다. 흑모단이 발전하면서 금모단이 되기도 하고, 금모단이 대형화되면서 흑모단을 낳기도 한다. 따라서 흑모단은 금모단의 무지난초라고 볼 수 있다.

흑모단은 난초 세계에서 '변화의 대명사'로 불린다. 처음에는 평범하고 매력 없어 보이는 외모 때문에 다른 화려한 난초들에 비해 주목받지 못했다. 하지만 시간이 지나면서 놀라운 변화를 보이는 특성이 알려지면서 난초 애호가들과 투자자들 사이에서 새로운 관심사로 부상 중이다. 전문가들은 흑모단을 키우는 것이 단순한 취미를 넘어 수익성 높은 투자가 될 수 있다고 조언한다.

흑모단은 보통 2~3년 정도 키우면 '호'라고 불리는 특별한 무늬가 나타나기 시작한다. 이 호가 나타나면 이름이 흑모단에서 '월생' 혹은 '흑모단호'로 바뀌면서 무지였던 흑모단의 가치는 명품 수준으로 급격히 상승한다. 일반적으로 흑모단은 금모단보다 20~30% 저렴하지만 호가 나타난 흑모단은 금모단 가격의 2~3배까지 오른다.

흑모단의 또 다른 장점은 빠른 성장 속도다. 전문가들은 흑모단이 금모단보다 약 1.5배 빠르게 자란다고 말한다. 이는 투자 측면에서 큰 이점으로 작용한다.

흑모단은 난초 키우기를 시작하는 초보자들에게도 좋은 선택이 될 수 있다. 상대적으로 초기 구입 비용이 저렴하고, 관리가 비교적 쉬우면서 성장 속도가 빨라 성취감을 느끼기 좋다. 또한 변화의 과정을 지켜보는 재미가 있고, 성공 가능성도 높기 때문이다. 난초 시장 전문가들은 흑모단의 인기가 앞으로

1. 흑모단에서 아름다운 무늬가 골고루 들어가 발전한 '흑모단호'
2. 평범하고 매력 없어 보이는 무지의 흑모단
3. 흑모단은 금모단보다 성장이 약 1.5배 빠르다.
4. 흑모단에 호가 나타나면 가치가 급상승한다.

도 계속될 것으로 전망하고 있으니 초보자나 입문자라면 무엇을 키워야 할지 고민할 필요가 없다. 무조건 좋은 흑모단은 보이면 사라! 그게 훗날 엄청난 돈이 될 것이다.

04

진정한 명품의 향연! 불가사의한 도도함
백 모 단

난초 애호가들 사이에서 백모단(白牡丹)은 '식물계의 미스터리'로 불린다. 백모단은 이름처럼 순백의 아름다움을 자랑하는 난초다. 백모단의 가장 큰 특징은 색상보다는 일반적인 식물의 생존 방식을 거스르는 듯한 독특한 진화에 있다.

모든 식물은 더 많은 광합성을 통해 녹색 잎을 많이 늘려 더 빨리 성장하려고 한다. 반면 백모단은 마치 광합성을 포기한 듯이 녹색 잎 대신 순백의 잎을 유지하려고 고집을 피운다. 이는 식물학자들 사이에서도 여전히 미스터리로 남아있는 현상이다.

백모단은 일본의 한 신사에 있는 오래된 고목에서 처음 발견되었다. 당시에는 '춘하(春霞)'라는 이름으로 불렸는데, 잎에 하얀 줄무늬가 보여 취미가가 집에 가져와 키우다 보니 시간이 지나면서 무늬가 더욱 하얗게 화려해지자 '백모단'이라는 새로운 이름을 얻게 되었다.

더욱 놀라운 것은 백모단의 성장 과정이다. 일반적으로 3장까지 하얀 잎을 유지하는 것이 최고급 품종으로 여겨지는데('시미즈 백모단'이라고 명명함), 이때 잎의 끝부분이 마치 루비 구두를 신은 듯 붉은색을 띠는 것이 특징이다.

난초 키우기가 어렵고 복잡하다고 생각하는 사람들이 많지만 백모단은 그러한 편견을 깨뜨리는 존재다. 물론 고급 품종인 만큼 세심한 관리가 필요하지만 그 과정 자체가 하나의 예술이 될 수 있다.

백모단의 인기는 국내를 넘어 세계적으로 확산되고 있다. 특히 유럽과 미국의 난초 애호가들 사이에서 백모단은 '꿈의 난초'로 불리며 한 촉이라도 구해 키워보고 싶어 한다. 백모단은 식물학적 가치와 예술적 아름다움을 동시에 지녀 단순한 유행을 넘어 지속적인 관심의 대상이 될 전망이다.

1. 일반적으로 3장까지 하얀 잎을 유지하는 것이 백모단 중에서도 최고급 품종이며, '시미즈 백모단'이라고 불린다.
2. 붉은 뿌리는 하얀 잎과 대비돼 백모단의 아름다움을 배가시킨다.
3. 광합성을 하지 않는 듯한 하얀 잎이 백모단의 가장 큰 특징이다.

05

옥이야 금이야 키웠더니 황금보물이 된
금 강 보

2008년 일본의 명감에 처음 등록된 금강보는 두엽의 품종으로 옥금강이라는 난초에서 진화되어 고정된 난초이다. 금강보는 처음에는 무늬가 뚜렷하지 않아서 약간 단순한 느낌을 주지만 시간이 지나면서 잎에 황색의 호가 점점 뚜렷하게 나타나 마치 금색 보물처럼 변화한다. 이러한 특성 때문에 금강보는 '시간이 지날수록 아름다워지는 난초'로 불리며, 많은 애호가들의 관심을 받고 있다.

금강보의 가장 큰 특징은 '금강석(다이아몬드)처럼 단단한 엽성'이다. 잎이 두 부분으로 구별되고 짧아지는 특성을 가지고 있으며, 짙은 녹색 바탕 위에 흰색과 노란색 줄무늬가 조화롭게 어우러져 시각적으로 매우 아름답다.

시간이 지날수록 가치가 커진다는 것도 금강보의 매력 중 하나이다. 특히 무늬가 복륜으로 진화할 경우 '금강관'이라고 불리며, 난초 애호가들 사이에서 매우 귀중한 품종으로 여겨진다. 이러한 진화 가능성 때문에 금강보는 단순한 관상용 식물을 넘어 일종의 투자 대상으로도 주목받고 있다.

금강보는 생명력이 강해 매우 튼튼하고 관리가 비교적 쉬워 키우는 데 특별한 기술이 필요하지 않다. 다만 반그늘을 좋아하므로 직사광선은 피하고, 과습에 약하므로 물을 줄 때는 토양이 완전히 마른 후에 주는 것이 좋다.

강한 생명력과 관리의 용이성, 그리고 투자 가치까지 갖춘 금강보는 앞으로도 난초 시장에서 중요한 위치를 차지할 것으로 보인다. 금강보는 단순한 식물을 넘어 하나의 문화 현상으로 자리잡아가고 있으며, 이는 우리의 일상에 작은 변화와 기쁨을 가져다주고 있다. 앞으로 금강보가 어떻게 진화하고 발전할지, 그리고 우리의 삶에 어떤 영향을 미칠지 지켜보는 것도 흥미로울 것이다.

1

2

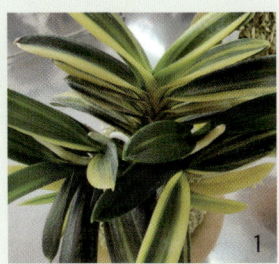

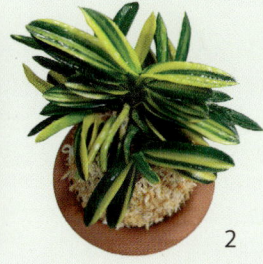

1. 금강보의 가장 큰 특징은 '금강석(다이아몬드)처럼 단단한 엽성'이다.
2. 녹색 바탕에 흰색과 노란색 줄무늬가 아름답다.
3. 금강보가 진화해 금강관이 된 모습. 금강보는 시간이 지날수록 가치가 커진다.

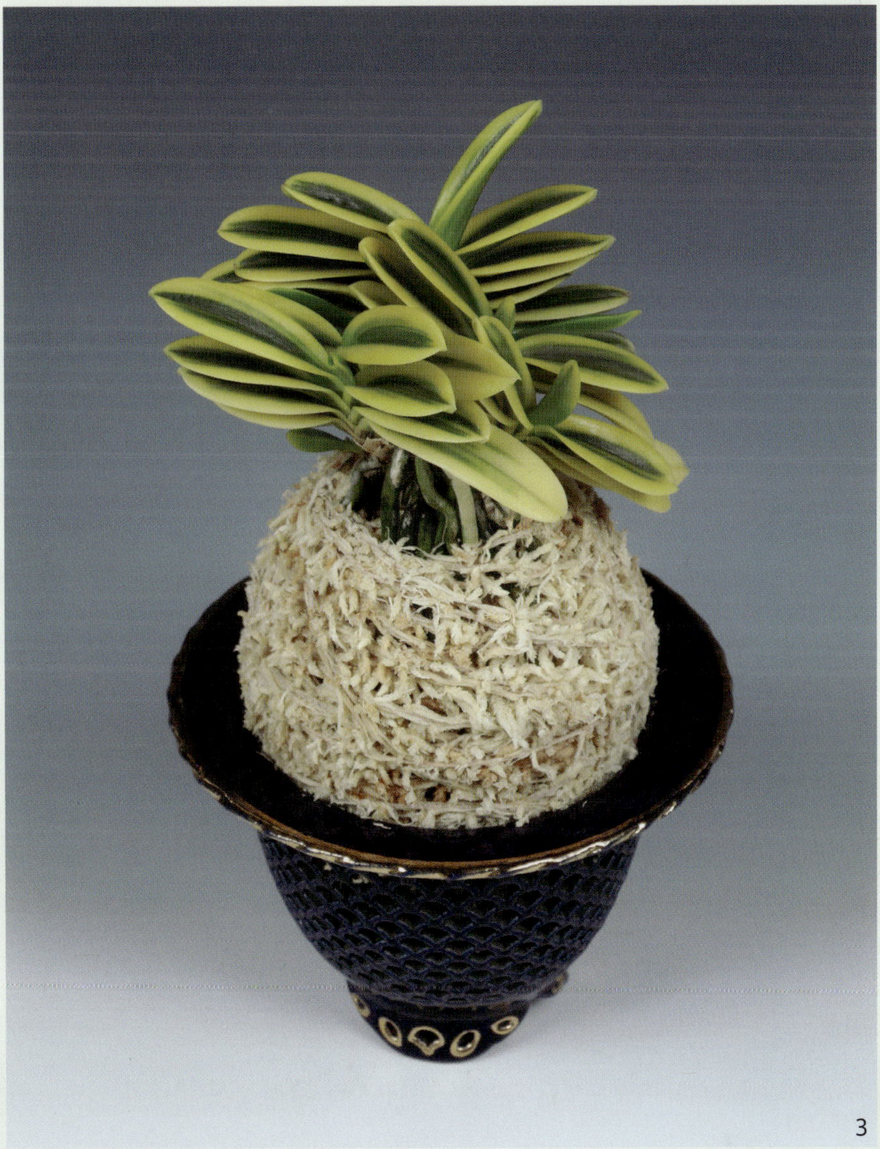

3

06

세상에서 가장 작지만 비싼 기린
금기린

금기린은 1998년에 일본에서 새롭게 등록된 난초로 '기린환'이라는 품종에서 변이된 특별한 무늬를 가진 두엽 품종 중 하나이다. 기린환은 원래 무늬가 없는 무지의 난초인데, 재배 과정에서 신기하게도 신아가 무늬가 달린 돌연변이가 나오면서 고정이 되었고, '금기린'이란 이름으로 명명되어 명감 최상단에 오르는 귀족 난초로 신분상승한 난초이다.

금기린의 가장 큰 매력은 시간이 지남에 따라 변화하는 화려한 줄무늬이다. 처음에는 연두색으로 펼쳐진 잎에 점차 시간이 지나면서 노란색으로 줄무늬가 자리를 잡아가면서 더욱 화려해지는 모습을 보여준다. 마치 작은 캔버스에 자연이 그림을 그리는 듯한 모습이 정말 매혹적이다.

금기린의 또 다른 매력은 바로 작고 앙증맞음에 있다. 잎 크기는 기린환보다 조금 작아 보이지만, 그 작은 크기가 오히려 장점으로 작용한다. 명품 두엽 품종들은 작은 크기 덕분에 좁은 공간에서도 쉽게 키울 수 있고, 관리하기도 편하다.

금기린의 외모는 그야말로 우아함 그 자체이다. 금강보다는 살짝 더 작지만 잎 끝이 살아있으며 잎 모양이 입엽 형태에 가까워 건강한 느낌을 준다. 무늬는 다소 거칠고 난폭하게 움직이지만 빗살무늬가 완성되었을 때는 밝은 색상의 축과 노르스름한 뿌리가 어우러져 전체적으로 깔끔하고 고급스러운 분위기를 자아낸다. 그래서 어떤 난초와 함께 두더라도 그 모습이 뒤쳐지지 않고 눈길을 사로잡으며 난실의 격을 높여주며 고급스럽게 만들어주는 힘이 있다.

금기린은 다른 두엽류보다 대체로 더디 자라 우리에게 인내와 기다림의

1. 작고 앙증맞은 금기린. 작지만 강한 난초이다.
2. 금기린은 시간이 지남에 따라 잎에 노란색 줄무늬가 생기는 것이 큰 매력이다.

미학을 가르쳐준다. 천천히, 그러나 확실하게 변화하는 무늬를 지켜보는 과정은 느림의 가치를 일깨워준다. 빠르게 변화하는 현대 사회에서, 금기린은 우리에게 잠시 멈춰 서서 자연의 리듬을 느껴볼 것을 권유하는 듯하다.

　세상에서 가장 느린 거북이가 가장 오래 살 듯이 세상에서 가장 키가 작은 기린인 금기린은 변화의 아름다움, 인내의 가치 그리고 작지만 강한 것의 힘을 보여준다.

07

영원한 부귀란의 전설
본비·건국전

풍란과 부귀란 애호가들 사이에서 전설처럼 회자되는 '본비'는 그 희소성과 아름다움으로 인해 난초계의 페라리로 불린다. 보통의 식물들은 1예, 무늬가 있으면 2예 정도에 그치는데, 이 신비로운 '본비'는 무려 8예(8가지 특별한 예)를 갖고 있다. 8예를 가진 식물이 생존하며 유지된다는 것은 식물계에 있어서 엄청난 확률적 통계적 위반이다. 그래서 본비는 그 존재 자체가 기적이며 미스터리한 것이다.

부귀란의 최고봉을 차지한다는 본비. 건국전이 변화를 거듭하다 보면 결국 본비가 된다고 말하지만 최근 일본 부귀란계에서는 건국과 본비를 아예 다른 품종으로 구분하고 있다. 그러나 아직까지 건국전과 본비는 같은 혈통이라는 의견이 지배적이다.

본비는 한 촉만 키워도 소원이 없다고 말할 정도로 귀한 꿈의 난초이다. 일본 부귀란 취미가들은 셋만 만나도 '본비' 이야기를 하느라 밤을 샐 정도로 전설적인 스토리가 많은 난초이기도 하다.

본비는 워낙 개체수가 없어 돈이 있어도 구하기가 어렵다. 꿈의 난초를 향한 열망은 미래 부자가 된 시점으로 미뤄두고, 대안으로 건국전부터 도전하는 것도 좋다. 건국 계열을 오래 키우다 보면 본비가 나온다는 전설의 이야기가 많이 있다.

건국전은 1925년에 처음 기록된 난초 품종으로, 일본의 '팔천대'에서 변이된 것으로 알려져 있다. 이 난초도 본비 못지않게 전설적인 스토리가 많고, 너무도 많은 변화와 새로운 품종을 만들어내는 요술쟁이 난초이다. 처음에는 '건국전비'라는 이름으로 불렸는데, 1939년 일본 부귀란회는 혼동을 줄이기

1. 부귀란 최고봉 '본비'
2. 한 촉만 키워도 소원이 없다고 말하는 꿈의 난초 본비

3. 건국전 축의 전면부인 요반과 중투, 루비근이 돋보인다.
4. 잎 중앙을 가로지르는 금색 중투 무늬가 건국전의 가장 큰 특징이다.
5. 비의 청에서 본비가 나오는 모습
6. 생무지의 건국전에서 어느 날 갑자기 본비가 태어나는 모습

위해 이름을 '건국전'으로 변경해 품종을 명확히 구분했다.

건국전의 가장 큰 특징은 잎 중앙을 가로지르는 금색 중투 무늬이다. 노오란 병아리들이 마치 초록색 우산을 들고 비를 피하는 듯 테두리 안에 갇혀있다. 그래서 귀엽고 고상하고 우아한 느낌을 준다.

건국전의 무늬는 약간 후발성으로 나타나는 감복륜, 중투 형태로 구름처럼 복잡하게 얽혀 있고, 묵과 루비 색상이 섞여 있어 일반적인 감복륜과는 다르다. 또한 축의 전면부인 요반(축 중간 부분)과 잎 뒷면에 독특한 비(雨) 모양의 예가 있어 놀랄 만큼 신비롭다.

건국전의 발색은 다른 난초와 비교해보면 독특하다. 중반과 요반 그리고 루비근이라는 성장의 약점 요소를 갖고도 잎은 힘이 있는 입엽 형태로 두꺼우면서도 강한 질감을 가지고 있다.

겉은 강해 보이지만 사실 속은 약한 난초이다. 밝은 무늬를 지탱하며 생존해야 하기 때문에 신아의 연속성도 썩 좋지 않다. 그래서 신아 연속성 높은 건국전은 '부르는 게 값'일 정도로 희귀하며, 별도의 명칭을 정해 혈통을 이어간다.

일반 취미가들이 본비를 구매하여 키우기는 어렵지만, 건국전이나 건국복륜, 건국호, 건국보, 건국모단, 비의청, 신월전, 비복륜 등에서 운이 좋으면 본비가 태어날 수도 있다고 하니 기대감을 갖고 키워보는 것도 좋다.

건국전 패밀리는 ①건국 → ②건국호 → ③건국 중반호 → ④건국전 비 순으로 진화한다. 입문자나 부귀란 취미를 다시 시작하시는 분들은 건국, 건국전 혹은 본비의 무지(청)인 비의청부터 시작하여 변화와 발전을 기대해가며 키우다 보면 어느 날 갑자기 즐거운 소식을 듣게 될 것이다.

08
새로운 복륜을 보여주는
금 직

금직은 2006년에 일본에서 발견된 지금까지 없었던 새로운 타입의 복륜 품종이다. 잎의 길이가 10㎝를 넘어 웅장하고 강렬한 인상을 준다. 짙은 줄기에 역엽이 섞여 있어 독특한 매력을 발산하는데, 발견 당시에는 채취한 곳의 이름을 따서 '생석의 무늬'라고 불렸다고 한다.

금직의 잎은 폭이 넓고 잎살이 두꺼우며, 끝이 둥글어 우아하고 특별한 자태를 뽐낸다. 기본적으로는 서출도와 비슷한 백복륜, 즉 흰색의 복륜을 가지고 있다. 하지만 변화를 시작하면 백황호반, 사복륜, 감호 등 다채로운 무늬가 나타나 시각적으로 매우 매력적인 품종이다.

특히 금직은 신아에서 굵은 줄무늬나 진학의 예가 나오기도 하고, 수수한 평범한 개체에서도 가끔 깜짝 놀랄 정도로 화려한 무늬가 나오기도 한다. 뿌리에서도 루비근이 나타나서 새로운 타입의 복륜 품종으로 주목받고 있다.

1. 백복륜이 기본이지만 진화하면 백황호반, 사복륜, 감호 등 다채로운 무늬가 나타난다.
2. 잎의 길이가 10cm가 넘는다.

09

평범함에서 비범함으로! 500년만의 기적
백 옹

'백옹'은 2010년 일본 부귀란회 요코하마 대회에서 소개된 품종으로 이름이 '오래 산다'는 의미를 가지고 있어 더 큰 관심을 받았다.

'사광전'이라는 평범한 난초에서 연두색 복륜으로 변화하면 '장생전'이 되는데, 그 장생전이 다시 백색의 복륜으로 변한 매우 희귀한 품종이다. 이 난초는 매우 드물어 부귀란 계에서 중요한 보배로 여겨진다.

일본 전통의 부귀란 계열에서는 눈처럼 하얀 설백 복륜의 난초가 존재하지 않는데, 장생전이라는 난초에서 갑자기 진화되어 나온 것이 입엽의 설백 복륜이 된 것이다. 그래서 일본 난초계는 500년 만의 기적이라고 칭송하고 있다.

백옹은 2025년 명감 최상단에 올라 그 비범함을 자랑하게 되었으며, 잎의 중간에 짙은 녹색이 관통하고, 설백색의 복륜이 가장자리를 두르며 꼿꼿한 입엽을 유지하는 독특하고 당당한 모습이 누가 봐도 시각적으로 매우 아름답다. 백옹은 매우 드문 품종으로, 그 희귀성 덕분에 난초 애호가들 사이에서 특별한 품종으로 평가받고 있다.

입엽의 설백 복륜이 압권인 백옹은 매우 드문 품종이다.

10

웅장한 외관을 자랑하는
취보

취보는 아마미계 산지에서 유래되었으며, 웅장한 외관을 자랑하는 대형 품종으로 크고 볼륨감이 두꺼운 잎을 가지고 있다. 과거 한 업자가 원래의 원평 무늬에서 현재의 완벽한 복륜으로 길러낸 것으로도 유명하다.

취보는 처음에는 입엽으로 자라지만 나중에는 대형종의 장엽이기 때문에 희엽으로 변하는 특성이 있다. 어린잎이 무지색으로 시작하지만 시간이 지나면서 잎 끝에서부터 황색으로 변해 후천성 극황 대복륜을 형성한다.

대부분의 황색 계열의 복륜은 유령이 많이 나와 대주로 만들기 어렵다. 그런데 취보는 황복륜이면서도 연속성이 좋아 균형 잡힌 아름다움을 자랑하며, 다른 대복륜 무늬 품종들과 달리 무늬의 안정성이 매우 뛰어나고 관리가 쉬워 가치가 높다.

취보의 잎은 두껍고 잘 휘어지지 않아 내구성이 강하고 안정적인 형태를 유지하며, 뿌리는 붉은빛을 띠는 니근이고, 월형의 붙음매를 가지고 있어 우람하고 안정적인 모습이 인상적이다. 특히 저녁에 물을 주고 나서 석양빛에 반사되는 황금빛 거대한 취보는 그야말로 압권이다.

1. 취보는 황복륜이면서도 연속성이 좋아 가치가 높다.
2. 취보의 잎은 두껍고 잘 휘어지지 않는다.

명품 컬렉션의 재미, 꼭 키워봐야 할 신풍란 10선

전통적으로 명감에 등록된 일본의 부귀란이 주목받아왔지만, 국내 육종가와 애란인들의 노력으로 개발 및 신아 변이되어 명명된 '신풍란'들이 부귀란 못지않은 명품으로 당당하게 인정받게 되었다.

품종을 개량해 새로운 풍란을 생산하는 일은 정말 어렵다. 그런데 국내 육종가들은 일본이 500여 년에 걸쳐 발전시킨 부귀란의 역사를 불과 30년 만에 이뤄냈다. 한국인 특유의 도전 정신과 성실함이 500년의 역사를 30년으로 단축시킨 것이다.

이 신풍란들을 키우는 재미는 정말 특별하다. 매년 새로운 모습으로 변화하는 과정을 보면 마치 아이를 키우는 것 같은 설렘을 느낄 수 있다. 난초들은 계속 진화하고 변이하므로 아무도 갖지 못한 새로운 품종이 튀어나올수 있다는 기대치로 더욱 흥미진진하다.

수십 년 된 고전 등록품은 이미 결과를 알고 있어서 감동이 덜할 수 있지만 이 신풍란들은 매년 새로운 감동을 선사한다. 비록 초기 출시 가격이 높아 구

1. 신풍란 원창. 광엽의 두꺼운 잎에 백복륜이 멋지다.
2. 한국과 일본 모두에서 인기인 신풍란 대관. 백황 산반 복륜 잎이 시원시원하다.
3. 신풍란 녹채보. 보는 순간 너무 예뻐 구매욕구가 생긴다.
4. 신풍란 천종. 잎도 예쁘지만 꽃도 아름답다.

매하기가 부담스러울 수 있지만 10년 동안 키우면서 충분히 즐길 수 있다면 지불한 금액이 결코 아깝지 않을 것이다.

결국, 난초를 키우는 것은 단순히 식물을 기르는 것이 아니라 삶을 돌아보고 생각하며 추억을 만드는 과정인 것 같다. 이 멋진 신풍란들과 함께 여러분의 난초 컬렉션을 풍성하게 만들어보는 건 어떨까?

한국을 대표하는 명품 신풍란. 당신의 난초 컬렉션에 꼭 추가해야 할 매력적인 신풍란 10선을 소개한다.

01

독특한 무늬와 볼륨감이 매력적인

원 창

원창(圓窓)은 한국의 아마미계 실생에서 선별된 백복륜 품종으로 둥근 창이라는 뜻을 가지고 있다. 2004년에 처음 변이가 발생한 이후 2013년 대한민국 풍란연합회와 2018년 일본 부귀란회에 등록된 난초이다.

원창의 가장 큰 특징은 광엽의 두꺼운 잎 옆면에 있는 굵은 복륜무늬다. 잎의 백색이 넓게 퍼지며, 중앙에는 산반성 녹색이 흐르는 듯한 무늬가 있어 멀리서도 뚜렷하게 보일 정도로 강렬한 인상을 준다.

이러한 색상의 조화는 원창을 마치 커다란 창을 통해 밝은 밖을 보듯 시원시원하면서도 예술품처럼 보이게 한다. 그래서 이름도 '원창'으로 지어졌고, 명품의 반열에 오르게 되었다.

목엽형의 원창 잎은 끝이 둥글고 폭이 넓어 뛰어난 볼륨감을 자랑한다. 형태가 매우 안정적이며 잎이 크고 두꺼워 건강한 성장을 돕는 구조를 가지고 있다. 이러한 독특한 무늬와 특유의 볼륨감으로 인해 난초 애호가들 사이에서 높은 평가를 받고 있으며, 한국과 일본의 주요 부귀란회에 등록되어 그 품질과 아름다움을 공식적으로 인정받고 있다.

1. 백색의 잎 테두리와 중앙의 산반성 녹색의 조화가 강렬한 인상을 준다
2. 원창은 잘 키울수록 더 빠져들게 만드는 매력이 있다.
3. 목엽형의 원창 잎은 끝이 둥글고 폭이 넓어 뛰어난 볼륨감을 자랑한다.

02

한일 양국이 사랑한 명품
대 관

2000년에 한국의 난초 농원에서 발견된 대관(大觀)은 백황 산반 복륜으로 볼륨감이 넘치며 시원시원한 모습이어서 한국과 일본에서 모두 인기가 높다. 올리브 색감의 강렬한 산반호를 동반한 삼광 중반성 대복륜이 대형이면서도 늘어지지 않고 단단하고 탄탄해 보여 시각적으로 매우 건강한 이미지이다. 특히 일본 명감에도 등록되어 가격 유지도 잘 되고 있다.

자태가 빼어나고, 파스텔 톤의 풍미가 산뜻한 느낌이 언제 보아도 싫증나지 않아 반려난초로서 손색이 없다. 축은 청축에 가까울 정도의 엷은 니축이고, 뿌리는 니근으로 붙음매는 월형이다.

1. 한국과 일본 모두에서 인기가 많은 대관은 백황 산반 복륜으로 볼륨감이 넘치고 시원시원한 모습이다.
2. 대관의 아름다운 산반 호 복륜의 모습

03

완전히 새롭고 뛰어난 차원의
천 명

천명(天明)은 2004년에 실생가 허민수 씨가 묵류를 실생하다가 우연히 만들어졌으며, 이듬해 플라스크에서 선별되어 2013년 대한민국풍란연합회에 정식으로 등록된 품종이다. '묵류'의 실생에서는 '황금금'이 유명하지만 황당하게도 완전히 새롭고 뛰어난 차원의 '천명'이 튀어 나온 것이다.

천명은 삼광중반의 잔잔한 무늬에 선천적으로 절입성 복륜이 형성되어 있다. 설백을 품은 진녹색 잎은 윤기가 나면서도 두꺼운 중단엽이다. 특히 시원한 청축과 샤인 머스캣 같은 청근은 무더운 여름에 더위까지 날려주는 청량함을 선사해 애호가들에게 귀중한 품종으로 평가받고 있다. 늠름하면서도 최고의 자태를 늘 유지하고 있어 가까이 두고 충분히 즐길 수 있는 매우 좋은 난초이다.

1. 설백을 품은 진녹색 잎이 멋지다.
2. 잎도 멋지지만 시원한 청축과 샤인 머스캣 같은 청근이 청량감을 선사해준다.

04

묵에서 백색 줄무늬의 변화가 돋보이는
고 조 선

고조선(古朝鮮)은 아마미계 두엽 품종인 해황환에서 유래된 신풍란 품종으로, 한국과 일본 모두에서 높이 평가받고 있다. 2008년 한국과 2014년 일본에 같은 이름으로 등록된 최초의 사례이기도 하다.

고조선은 묵이 중심이 되는 품종으로, 잎 전체에 독특한 검은색이 퍼져 있다. 검은 먹선으로 잎의 테두리를 둘러싸고 있어 묵복륜 형태로 강인해 보이지만 처음부터 이런 모습은 아니었다.

초기에는 담회백색의 삼광중반과 같은 사복륜 무늬로 시작해, 점차 백색 줄무늬로 변화한다. 이후 마치 백색 줄무늬를 봉합하려고 불로 지진 듯한 검은색으로 변한다.

고조선은 묵의 무늬가 매우 안정적이어서 관리가 쉽고, 잎 전체에 강렬한 묵이 뒤덮여 있으며, 엽조와 잎 겹침이 우수해 재배할 때 시각적인 즐거움을 주는 귀한 품종이다. 우리나라 최초의 국가 이름을 딴 고조선은 정말 한국적인 아름다움을 자랑하는 두엽 신풍란의 대표주자이다. 마치 오랜 침략의 역사에서도 당당히 이 땅을 지켜낸, 묵직한 투구와 갑옷을 입은 고려시대 장군의 정신을 이어받아, 현대의 시대를 살아 숨 쉬는 것 같은 느낌을 준다.

1. 고조선은 잎 전체에 독특한 검은색이 퍼져 있는 것이 특징이다.
2. 묵의 무늬가 안정적이어서 강인한 느낌이다.

05

녹의 보석, 녹보의 호
녹채보

통영의 한 농장에서 녹의 보석이라 불리는 '녹보'를 자체 실생하던 중 우연히 만들어진 난초이다. 청축·청근의 두엽으로 깔끔한 맛이 일품이며, 약간 감성이 얕은 바탕에 뚜렷한 줄무늬를 흘려 강인하고 시원한 모습이다.

녹보 무지(청)에 줄무늬가 들어간 것을 처음에는 '녹보호'라는 이름으로 유통하다가 2011년 일본 부귀란회에서 '녹채보'로 명감에 등록시켰다. 다른 두엽호보다 녹대비와 자태가 좋고, 특히 빗살무늬가 아주 흡족하게 잘 만들어져서 취미가들이 꼭 한 화분씩은 키우게 되는 명품이다.

녹채보는 예쁘다고 너무 밝은 곳에서 키우다 보면 쉬 화려해지는데, 구입할 때는 너무 화려한 것보다는 잔호나 빗살무늬가 쫙 깔린 것이 좋다. 또한 비교적 성장이 빨라 수집 외에도 육성의 만족도가 높은 품종이다. 이 녹채보는 굳이 강조하지 않아도 보는 순간 너무 예뻐서 더 사지 말라고 말려야 할 정도이다.

1. 청축, 청근의 두엽으로 가격은 싸지만 두엽류 중 제일 예쁘다.
2. 다른 두엽호보다 녹대비와 자태가 좋고, 특히 빗살무늬가 멋지다.

선명한 호반 무늬가 특징인
설 경 관

설경관(雪景冠)은 2010년경, 설산이라는 품종의 실생에서 선별된 호반성 설백 복륜으로 호반 무늬가 선명하게 나타나는 것이 특징이며, 시간이 지나면서 더욱 두드러진 대복륜으로 진화한다. 이 무늬는 눈 덮인 산의 경치처럼 차분하고 고요한 느낌을 주고, 설산보다 넓은 잎이 난초를 더욱 안정적으로 보이게 한다. 난대에 하나 올려놓고 보면 정말 경관이 살아난다.

설경관은 직광을 피하면서 일부 차광된 곳에서 습을 높여 키우면 관리가 비교적 쉬우며, 고유의 복륜 무늬가 처음엔 연하지만 키울수록 선명하게 변해가는 모습으로 키우는 만족감이 높아 난초 애호가들 사이에서 높은 평가를 받고 있다.

설경관은 설백호에 '서출예'의 복륜으로 깔끔하고 산뜻한 준단엽으로 명품의 조건을 갖추었다. 이 품종도 화관월처럼 호반성 다예품이기 때문에 개체에 따라 무늬의 차이가 심하므로 개별 개체에 대한 적응도와 평가가 차이가 있다. 저렴한 설산에서 설경관 같은 초 명품이 돌연변이로 나오는 것이 풍란의 묘미이며 기적을 일상화하는 최고의 취미라 할 수 있다.

1. 설백 복륜에 중단엽. 명품으로서의 조건을 갖추었다.
2. 설경관은 개체에 따라 무늬 차이가 심한 편이다.

07

신(神)도 갖고 싶어했던 꿈의 난초
어 신 도

어신도(御神渡)는 취화전이라는 품종을 실생해 탄생한 품종으로 일본 신슈 지방의 전설에 따라 '하늘의 신이 땅의 여신을 만나러 가는 길'이란 뜻이다. 난초의 이름과 전설이 자연스럽게 어울린다.

어신도는 두엽에 서반 그리고 호반성 호 무늬가 있는 삼예품이다. 그리고 간혹 루비근도 나온다. 최상의 예는 천엽이 순백색으로 시작하여 시간이 지나면서 점차 어두워지며, 백모단으로 진화한 것이다. 특히 루비근과 함께 나타나는 복륜 무늬는 매우 아름다워서 애호가들에게 상예로 평가받는다. 두엽류 중에 백모단 예는 이 품종 밖에 없어서 더욱 인기가 많다.

어신도는 적절한 광량에서도 잘 자라는 품종으로 백모단을 재배해 본 경험이 있는 재배자라면 비교적 쉽게 키울 수 있다. 이 품종은 시간이 지나도 높은 가치를 유지하는 꿈의 난초다. 초창기에 어신도를 키운 사람은 모두 큰 수익을 얻었다.

1. 두엽에 서반, 호반성 호 무늬가 있는 삼예품
2. 잎의 복륜 무늬가 아름답다.

08
하늘이 내린 종자
천 종

2015년 '산내들'에서 '천재'라는 품종을 자체 실생해 희귀하게 얻은 품종이다. '천재'의 삼광중반 백복륜 품종으로, 매우 희귀하고 가치가 높다. 천종은 하늘이 내린 종자라는 의미를 가지고 있으며, 이름에 걸맞게 고급스럽고 품격이 있는 명품이다.

초고급, 초소형 품종으로 뛰어난 외형을 자랑하고, 잎에는 선천적으로 백복륜이 둘러져 있으며, 이 무늬는 매우 아름답고 완성도가 높다. 잎의 무늬와 색상은 계절별로 다양하며, 특히 작은 잎에 응축된 아름다움이 신비로운 욕망을 자아낸다. 이 세상의 것이라고는 생각되지 않을 정도로 완성도가 높은 삼광중반 복륜으로서, 대복륜, 중투의 삼광중반 등 변화의 다양성이 이채롭다.

한국과 일본에서 매우 인기가 높은 '천종'은 최근에는 국제적인 원예 전시회와 경매에서도 주목받고 있다. 해외 원예 애호가들 사이에서도 점차 인지도가 높아지고 있다. 작고 통통한 잎에 설백의 백복륜이 매력적이지만 그와 대비하여 굵게 쭉쭉 뻗는 매끈한 청축, 청근도 매력적이다.

1. 초고급, 초소형 품종으로 뛰어난 외형을 자랑하는 천종
2. 천재의 백복륜 천종이 꽃 핀 모습이 매우 황홀히다.
3. 잎은 작고 통통하지만 청축과 청근은 매끈하게 쭉쭉 뻗어 매력적이다.

09

하늘이 내려준 명예
천 관

천관(天冠)은 2012년경, 흑진주 품종의 실생 묘에서 유래된 백복륜 품종이다. 처음에는 무지로 시작해 시간이 지나면서 설백색의 무늬가 나타나며, 이 무늬가 복륜으로 진화한 것이 주요 특징이다. 이름 그대로 하늘이 내려준 벼슬, 명예 관을 뜻하며 순백색의 무늬가 하늘에 닿을 듯한 모습이 아름답다.

천관은 잎의 중앙에 선명한 백복륜이 형성되며, 이 복륜이 시간이 지나면서 더욱 뚜렷해지는 경향이 있다. 특히 백색 복륜이 설백의 호처럼 뚜렷하게 나타나며, 잎의 푸른색과 대비되어 고급스러운 느낌을 준다. 천관의 복륜 무늬는 매우 안정적이며, 그 미적 가치는 애호가들 사이에서 높이 평가받고 있다. 일본에서는 '은지령'이라는 귀여운 이름으로 불린다. 맑고 청초하며 통통한 것이 최고의 명품임을 스스로 증명하는 듯하다.

천관은 관리가 비교적 용이한 품종으로 적절한 광량과 환경에서 건강하게 자란다. 무늬가 변하는 과정을 지켜보는 것도 빼놓을 수 없는 즐거움이다. 천관의 고유한 무늬 덕분에 수집가들 사이에서 높은 인기를 끌고 있다.

1. 동글 동글 귀여운 천관, 모든 취미가들이 미치도록 갖고 싶어 하는 명품 중의 명품이다.
2. 이 작은 난초에서 그 어디서도 받지 못했던 감동을 매일 매일 선물 받는다.
3. 일본에서는 천관이 은지령이라는 이름으로 불린다.

10

유백색의 얇은 호반 무늬
초선관

초선관(貂蟬冠)은 2014년경 한국에서 취화전의 실생에서 선별된 품종으로, 왜계(矮鷄)성(왜소하고 독특한 특성) 두엽의 사복륜이 특징이다. 이 품종은 조복륜반으로 시작해 시간이 지나면서 삼광반의 사복륜으로 완성되는데, 작고 아담한 자태와 함께 유백색의 서반바탕에 솔잎 같은 무늬가 환상적으로 얽혀 있어 매우 아름다운 외관을 자랑한다.

1. 초선관 잎은 경계가 정확하지 않고, 파스텔 톤으로 문지른 듯한 복륜이어서 몽환적이다.
2. 초선관의 잎은 짧고 앙증맞다.

초선관의 잎은 짧고 앙증맞은 형태이며, 잎의 표면에는 유백색과 함께 얇게 펼쳐진 호반 무늬가 나타난다. 이러한 무늬는 구름을 띄운 듯한 느낌을 주며, 이로 인해 초선관은 마치 고대 황제의 관모처럼 고귀한 인상을 풍긴다.

초선관은 니축과 옅은 루비빛을 띤 니근을 가지고 있으며, 붙음매는 일자에 가까운 얕은 월형으로 되어 있다. 크기가 작아도 생명력이 강해 관리가 비교적 쉽다. 애호가들 사이에서 미적 가치에 대한 평가도 매우 높다. 특히 그 고유한 무늬와 작고 단단한 외관 덕분에 수집가들 사이에서 큰 인기를 끌고 있다.

초선관은 경계가 정확하지는 않지만 파스텔 톤으로 문지른 듯한 복륜이 몽환적인 느낌을 준다. 한번 즐기고 나면 뇌리에 계속 남아있는 특별한 난초이다.

K-팝, K-푸드를 이을
기적의 K-풍란 10선

한류 열풍이 전 세계를 강타하고 있다. K-팝은 이미 세계 음악 시장의 중심에 자리 잡았고, 한국 드라마와 영화도 전 세계인의 마음을 사로잡았다. 뿐만 아니라 K-푸드 열풍도 거세다. 김밥, 불닭볶음면 심지어 국(탕)까지 전 세계인들의 사랑을 받고 있다.

이렇듯 K-문화가 세계를 휩쓸고 있는 가운데, 이제 우리는 또 하나의 새로운 한류 아이템이 준비해야 한다. 그것은 바로 'K-풍란'이다.

풍란은 일본에서 명감으로 이어지는 부귀란이 있고, 한국에서 만들어진 신풍란이 있다. 부귀란은 일본에서 먼저 시작했지만 한국으로 넘어와 문화가 K 패치화되어 더 다양하고 활발하게 발전해가면서 종주국이 일본에서 한국으로 바뀌는 중이다.

풍란 중에서도 시대를 앞서나가는 새로운 차원의 독특한 무늬와 특별한 자태로 주목을 받고 있는 난초들이 'K-풍란'이다. K-풍란은 모단패밀리가 인정한 한국 천안의 문향원 유성태(육종가) 씨가 만들어낸 난초들로 한국부귀란

1. K-풍란 '천옥'
2. K-풍란은 지금껏 보지 못했던 차원의 무늬를 자랑한다.

협회의 정식 등록된 품종을 말한다.

 K-풍란은 기존의 일본 부귀란이나 한국의 신풍란과는 차원과 격이 다른 다양하고 화려한 무늬를 자랑한다. 지금까지 풍란계에서 보지 못했던 새로운 패턴들이 K-풍란에서 속속 등장하고 있어 전 세계 난초 애호가들의 이목을 집중시키고 있다.

 K-풍란 중에서도 특히 주목받고 있는 품종들은 무엇일까? 난초 대가들이 꼽은 10대 명품 K-풍란을 소개한다.

K-풍란을 개발한 문향원과 본트리업(애플트리)이 독점공급 MOU를 체결했다.

01

천개의 줄무늬가 나온다는 한국산 백호랑이
천호

천호는 K-풍란 1호로 K-풍란의 대표주자라 할 수 있는 품종이다. 전문가들은 천호의 등장으로 난초계에 본격적인 '디자인 전쟁'이 시작됐다고 평가한다. 춘란 난초 전문가 이용범 씨는 "천호를 처음 봤을 때 그 섬세하고 정교한 빗살무늬에 큰 충격을 받았다"며, 이 난초를 보고 춘란에서 풍란으로 전향하게 되었다고 밝혔다.

천호의 또 다른 장점은 연속성과 고정성이 뛰어나다는 점이다. 간혹 루비근이 나타나기도 하고 복륜으로 진화하는 경우도 있어 키우는 재미가 크다. 복륜으로 고정되면 '천복'이라 불리는데, 말 그대로 천개의 복이 굴러들어오는 길상의 의미를 지닌다.

천호는 그 모습이 일본이 자랑하는 '불로백(풍명전의 호)'과 비슷하다. 그 잎을 마주하면 마치 초록 비단 위에 설경이 흩뿌려진 듯한 정교한 설백의 빗살무늬가 한 올 한 올 장인의 붓끝에서 피어난 듯 정갈하게 펼쳐진다. 이 독특한 무늬는 일본 난초에서는 좀처럼 보기 힘든 희소성과 디자인적 독립성을 보여준다. 일본의 '불로백'이 귀족적이고 정형화된 미를 갖고 있다면, 천호는 자연과 교감하며 자생적으로 태어난 야성의 우아함을 지녔다. 불로백이 '완성된 정답'이라면, 천호는 '확장되는 가능성'이다.

정교한 설백 빗살무늬, 청초한 초록, 루비처럼 붉은 뿌리! 이 세 가지가 한 포기에서 동시에 발현될 때 천호는 일본의 불로백보다 크고, 시원하며, 아름다움의 깊이가 다르다. 천호는 단순히 비싼 난이 아니라 한국 난초계가 일본을 넘어서는 감각과 자존심의 선언이라 할 수 있다.

1. 쫙 펼쳐진 그리고 루비근을 자랑하는 천호를 보고 있자면 열 불로백 부럽지 않다.
2. 초록색 청초한 바탕에 정교한 설백 빗살무늬가 압권이다.

02

무늬의 변화가 빚어낸 황금의 변주곡
천 금

천금은 그 이름처럼 천 가지 금빛 변화를 품은 예술적 생명체다. 단지 아름답기만 한 난초가 아니다. 천금은 스스로 디자인을 창조하는 능동적 예술 오브제다. 그 잎은 짧고 넓으며 두텁고 묵직하다. 입엽성 풍란 특유의 중후함을 바탕으로 황금빛의 선과 설백의 무늬가 때론 명확하게, 때론 수묵처럼 번지며 마치 동양화의 여백처럼 보는 이의 상상력을 자극한다.

천금은 유전적 무늬를 고정하는 대신 실험한다. 어느 날은 루비근, 또 어떤 날은 설백 복륜, 그리고 한두 해 지나면 완전히 새로운 패턴으로 다시 태어난다. 누군가는 이 변화무쌍함을 두려워하지만 진정한 애호가는 그 변화의 곡선을 수집하고, 기록하고, 기대한다.

이 진화가 정점에 이르면 천금은 복륜의 극치를 이룬 '만금'으로 거듭난다. 그 순간 '천금의 아름다움이 만금의 가치를 갖는다'는 말이 실체가 된다.

애호가 이미선 씨는 천금을 이렇게 표현했다. "너무 과하게 예쁘다. 기존 난초계에 없던 충격적인 디자인. 그래서 처음엔 낯설지만, 보면 볼수록 빠져든다."

천금은 감정의 로또, 형태의 불확실성을 통해 미(美)의 경이로움을 회복시켜주는 난초다. 이 난초가 어떻게 변화할지 알 수 없다. 그러나 한 가지는 확실하다. 천금은 단 한 포기만으로도 시간과 공간을 점령하는 위상을 보여준다.

1. 본비님이 소장하고 있는 천금
2. 최유미님이 소장하고 있는 천금
3. 애플트리님이 소장하고 있는 천금
4. 문향원에서 소장하고 있는 천금

03
하늘이 내린 군사
천 군

일본에서 자랑하는 잎이 넓고 두꺼워 일본의 스모 선수를 연상케 한다는 횡강이란 품종이 세간을 들썩거리게 했다. 그런 횡강에 백호가 들어간 품종이 나왔으니 그 인기가 얼마나 높고, 가격이 비쌌을 것인지는 말하지 않아도 짐작할 수 있을 것이다.

그 콧대 높은 횡강백호를 압도할 풍란으로, 하늘이 명을 내린 군사라는 뜻으로 이름지어진 것이 '천군'이다. 천군은 대왕이라는 초대형 난초를 1/3 정도 크기로 축소시킨 소형 난초이지만 횡강 이상으로 잎이 넓고 두꺼우며, 통통한 모습이 궁극의 용맹함을 보여준다.

천군을 잘 키우면 만 마리의 말을 얻은 것처럼 기쁘다 하여 천군만마를 얻었다고 표현한다. 천군은 화분 안에 들어가 있지만 오히려 화분에게 용기를 주는 듯한 느낌이며, 집에서 키우면 온갖 액운을 물리치고 힘을 응축하게 해줄 수 있는 난초이다.

꽃도 예쁘다. 천군은 관엽의 중단엽 난초인데, 꽃은 특이하게 두엽처럼 하늘피기이다. 하늘을 향해 핀 꽃만 봐도 에너지를 받는 느낌이다.

1. 천군은 광엽의 중단엽 난초이지만 특이하게도 두엽처럼 하늘피기로 꽃이 핀다.
2. 천군(왼쪽)은 횡강백호(오른쪽)를 압도할 풍란이다.
3. 천군의 아버지 '대왕'

04

세상 만물의 에너지를 품고 있는 명물

만 관

만관은 이미 명품으로 인정받는 '천관'보다 10배 쯤 더 큰 에너지를 품고 있다고 해서 붙여진 이름이다. 만관은 해황환에서 실생된 품종인데, 두엽의 입엽성 백복륜으로 그 가치가 매우 높다

이 난초를 보자마자 한눈에 반해 바로 구매를 한 난초 수집가 박상배 씨는 "만관은 이리 보고 저리 봐도 유니크한 명물임이 틀림없다"며 "굉장한 에너지가 머물고 있어 그 속엔 어느 정도 흉내낼 수 없는 기품이 서려 있다. 어떻게 보면 투명하고, 노란빛이면 황금처럼 번쩍이고, 녹색이면서 이슬처럼 맑으며 입엽처럼 서있어 강해 보인다"라고 말한다.

전문가들은 만관의 매력이 단순히 빼어난 외모에 그치지 않는다고 입을 모은다. 만관은 그 자체로 유니크하면서도 몰입을 하도록 만드는 오묘한 매력이 있다. "돈을 움직이려면 사람의 마음을 얻어야 하는데, 만관은 그 마음끌림의 역할을 완벽히 해낸다"는 것이 전문가들의 평가다.

1. 해피대모님이 소장하고 있는
   해황환 설백 복륜 '만관'
2. 천관보다 10배쯤 더 큰 에너지를 품고 있는 만관.
   두엽의 입엽성 백복륜이 가치를 더한다.

05

설백 복륜의 끝판왕
천백

눈처럼 흰 설백의 복륜은 난초의 품격과 아름다움을 높여주는 무늬임이 분명하다. 모든 난과 식물을 통틀어 설백 복륜만을 놓고 보았을 때 아마도 천백 만큼 맑고 투명하며 눈처럼 하얀 설백 복륜은 없을 것이다.

그래서 천백을 '설백 복륜의 끝판왕'이라고 부른다. 난초가 마치 거울을 달고 있는 것처럼 반짝 반짝 윤기 있게 빛나며, 신아가 나올 때는 새빨간 안토시안을 물고 나오는 모습이 신비감을 자아낸다. 문향원 유성태 씨는 이 난초를 만들어내기까지 무려 30년간 공을 들였다고 한다.

우리는 천백을 보면서 유성태 씨의 끈기와 집념을 읽을 수 있다. 사람 하나가 무언가를 이루려면 얼마나 많은 환경 요소들이 필요한지 알아야 하고, 자신이 결심한 그 한 자리에서 '생즉사 사즉생(生卽死 死卽生)'의 마음으로 들려오는 온갖 소음들과 드센 바람을 잠재워 갈무리하고, 수많은 유혹들을 다 차단시켜 가면서 부족한 물을 얻는 '장풍득수(藏風得水)' 행위가 몇 년 주기를 반복하여 끈기 있게 이루어져야만 모두의 찬사를 받을 명명품 하나가 탄생한다.

그 인고의 집념과 인내와 노력이 신비한 분위기를 만들고 풍수에서 말하는 이른바 생기를 타게 하는 것이다. 그런 후에야 비로소 물이 돈의 기운을 유혹하며 사람들을 꼬이게 할 수 있다.

식물이 한자리에 서서 숱한 겨울을 견뎌내다 마침내 눈 녹은 물을 마시며 화려한 꽃을 피워 벌과 나비들이 찾아오게 하는 것처럼 잘 키워낸 명품 난초 하나가 마침내 사람의 기운을 불러일으켜 천문학적 이익을 만들어 내도록 해 주는 것이다.

설백 복륜의 끝판왕이란 명성답게
녹색 잎을 둘러싼 하얀 무늬가 멋지다.

06

입체 난초의 시대를 여는 K-풍란의 선두주자
모 패

최근 난초계에서 가장 주목받고 있는 품종이 있다. 그 이름은 바로 '모패'. 모패는 단순히 품종 이름이 아니라 대한민국 최대 난초 동호회 '모단패밀리'를 상징하는 대표적인 K-풍란이다. '모단패밀리'는 풍란과 부귀란의 미래 가치를 깨달은 약 200여 명의 난초 애호가들이 자발적으로 모여 활동하는 국내 최대 규모의 풍란 공동체다. 이처럼 강력한 애호가 집단이 직접 이름을 붙이고 키워 가는 품종이 바로 '모패'이다.

모패는 첨악 계열과 요산 계열의 이종 교배로 만들어졌다. 잎이 짧고 두껍고 넓은 입엽성 구조이며 축이 볼륨감 있게 뻗어 나가며 전체적으로 강인하면서도 안정적인 자태가 특징이다. 특히 주목할 점은 무늬 중의 최고봉인 백호가 발생하는 확률이 매우 높다는 점이다.

백호무늬는 단지 잎의 윗면에만 머무르지 않는다. 난초의 정면에서 바라볼 때 옆면까지 퍼진 무늬가 입체적으로 펼쳐지는 '양엽예품'이다. 지금까지 난초는 '잎 위의 무늬'를 감상하는 시대였다면 모패는 '잎 전체를 입체적으로 감상'하는 새로운 감상미학을 제시한 것이다.

일반 무지 품종에 무늬 하나만 나와도 가치가 10배 이상 오르는 것이 난초의 세계다. 그런데 모패는 위에서 보면 백호, 옆에서 보면 설백, 가끔은 루비근과 입엽성 특유의 입체감까지 함께 보여주니 도저히 글로 다 표현할 수 없는 아름다움을 담고 있다.

모패는 아직 완성되지 않았다. 오히려 지금이야말로, '그 가능성이 본격적으로 열리는 시작점'이다. 말로 다 설명하기 어렵다. 그래서 추천한다.

"한 화분을 직접 키워보라. 그 안에 K-풍란의 미래가 담겨 있다."

1. 모패는 잎 양면을 모두 감상할 수 있는 신개념 풍란이다.
2. 모패는 잎이 두껍고, 축의 볼륨도 넓어 탄탄하고 강인한 느낌을 준다.
3. 모패는 호가 나오기만 해도 수익이 엄청나게 된다.

07

천종과 천관이 만나 이룬 기적

천 흑

천종과 천관은 그 자체로도 명품인 난초들이다. 천종은 '천재'라 불리는 품종에서 진화된 두엽의 백복륜 난초로 아름답고 희귀해 난초 애호가들 사이에서 최고의 인기를 누리는 품종이다. 한편 천관은 '흑진주'로 불리는 품종에서 진화된 두엽의 백복륜 난초로 역시 가치를 인정받아 한국과 일본에서 많은 사랑을 받고 있다.

이 두 품종은 이미 난초계에서 가격, 명성, 권위를 가진 절대적인 존재였기에 일반인들은 이 난초를 키우고 싶어도, 소장하고 싶어도 아쉽게 발길을 돌려야 했다. 이런 애호가들의 마음을 측은히 여겨 문향원 유성태 원장이 천재와 흑진주를 교잡하는 대담한 시도를 했다. 그 결과는 놀라웠다. 수천만 분의 1의 확률을 뚫고 '천흑'이라는 맹황성 삼광중반의 복륜이 탄생한 것이다.

천흑의 탄생으로 인해 난초계에 새로운 바람이 불고 있다. 천종과 천관을 키우지 못해 아쉬워하던 사람들이 이제 천흑으로 갈증을 해소할 수 있게 된 것이다. 물론 천종과 천관을 이미 키우고 있던 사람들도 이 새로운 품종에 큰 관심을 보이고 있다.

자태는 천종, 천관과 동일한 모습이다. 색감은 묵직한 흑진주에 빛이 반사돼 위로 솟아오르는 느낌이다. 그 광채가 희고 고운 가장 자리를 맹황으로 감싸는 엄숙한 품격의 기품이 서려 있다.

난초 컬렉터 송영문 씨는 "천흑은 천종과 천관의 장점을 모두 가진 혁명적인 품종이다. 색깔, 향, 형태 모두 완벽에 가깝다. 앞으로 난초계의 새로운 스타가 될 것이라 확신한다"라고 평가했다.

또 다른 난초 애호가 곽희남 씨는 "천흑의 탄생은 난초 역사상 가장 중요한 사건 중 하나가 될 것이다. 이 품종을 직접 키워보고 싶은 마음이 굴뚝같다"라고 흥분을 감추지 못했다.

무지의 천재와 흑진주를 교잡했는데 마치 일부러 무늬를 숨기려는 듯한 어두운 형태의 복륜이 나온 것은 놀라운 사건이다. 천흑을 시작으로 앞으로 더 놀라운 K-풍란을 만들어낼 수 있다는 가능성이 확인된 셈이다.

1. 천종과 천관이 만나 탄생한 명품 K-풍란 '천흑'
2. 맹황성 삼광중반의 복륜
3. 천흑이 꽃피운 모습

08

100년 부귀란계의 패권을 뒤흔든 K-풍란의 새로운 별
천 설

오랫동안 부귀란 애호가들 사이에서 난초계의 절대 강자로 군림해온 난초가 바로 '부귀전'이다. 전설의 난초 부귀전은 이름 자체가 부귀란의 역사이고, 예술이며, 시작과 끝이며, 또한 부귀란 미래의 가능성이다.

그러나 부귀란의 아성에 도전하는 새로운 강자가 나타났다. 바로 천안의 문향원에서 탄생하고 한국부귀란협회가 인증한 '천설'이다.

천설의 가장 큰 특징은 깔끔하고 선명한 색감과 부드러우면서 강인하면서도 아름다운 외모에 있다. 마치 하늘에서 내린 눈송이처럼 테두리를 덮은 순백의 잎은 보는 이의 마음을 사로잡는다. 또한 은은한 광택을 머금은 듯이 눈송이의 결정을 따라 잎의 끝자락까지 섬세한 선으로 이어져 있어 더욱 매력적이다.

난초 전문가 연리지 대표 박명규 씨는 천설의 외형적 특징에 대해 이렇게 평가한다. "복륜의 모양은 거품을 뺀 듯 깔끔하고, 잎의 원심력은 삼광의 은은한 빛을 뿜어낸다. 마치 녹색 얼음 결정 속에 빛이 갇혀 얼음으로 덮혀 꽃으로 피어난 것 같은 모습이다."

천설의 등장은 단순히 새로운 품종의 탄생을 넘어서는 의미를 갖는다. 한국에도 일본의 부귀전 같은 100년 이상 인기를 이어갈 난초가 탄생했다는 점에서 큰 의의가 있다. 일본의 부귀전과 어깨를 나란히 하며, 때로는 그를 뛰어넘는 아름다움을 자랑하는 천설의 등장으로 K-풍란의 새로운 시대가 열린 것이다.

일본의 한 난초 전문가는 "천설은 사진보다 직접 볼 때 그 아름다움은 정말 놀랍다. 100년간 최고의 자리를 지켜온 부귀전에 필적할만한 품격과 아름

1. 테두리를 둘러싼 하얀 눈송이 같은 복륜이 깔끔하고 멋있다.
2. 부귀전이 부럽지 않은 새로운 강자, '천설'

다움을 가졌다고 본다"라고 평가했다.

이러한 천설의 인기는 실제 거래 가격에서도 나타난다. 최근 경매에서 천설의 가격은 기존의 최고가를 갱신하며 새로운 기록을 세웠다. 무려 부귀전의 3배가 넘는 가격이다. 이는 천설이 단순한 유행이 아닌, 진정한 가치를 인정받고 있다는 증거로 볼 수 있다.

09

유성태 육종가의 30년 집념의 결정체
탄 성

한국 풍란계의 전설로 불리는 문향원의 유성태 원장이 30년이라는 긴 시간 동안 모든 열정을 쏟아부어 탄생시킨 난초가 바로 '탄성'이다. 이 난초가 작은 병에서 나와 세상에 처음 선보였을 때 지켜보던 사람들이 자연스럽게 "와~"하는 감탄사를 자아내고 탄성을 질렀다. 그래서 자연스럽게 '탄성'이라는 이름을 얻게 되었다.

탄성의 외형은 그 자체로 감탄을 자아낸다. 손톱만큼 작은 완벽한 형태의 미니 두엽 위에 결빙된 얼음 같은 설백 복륜이 자리 잡고 있어, 마치 동화 속 요정이 살 것 같은 작고 아름다운 집을 연상케 한다. 크리스탈 구슬처럼 투명하고 반짝이는 모습이 각도마다 다른 빛을 발산하며, 물풍선처럼 터질 듯한 볼록함에 설백이라고 하기엔 너무나 투명한 색감이 마치 수정체로 난초가 우리를 보는 듯한 묘한 느낌을 준다.

탄성의 또 다른 특징은 루비처럼 빛나는 핑크빛 홍축이 잎의 중심을 따라 흐르고 있다는 점이다. 겨울이 되면 난초가 전체적으로 홍등을 켠 것처럼 핑크빛으로 변신한다. 이는 단순히 미적 요소를 넘어서 탄성이 우연한 돌연변이가 아닌 '계보 있는 귀족'임을 증명하는 중요한 요소로 여겨진다.

지금까지 명품 풍란 대표주자로 여겨졌던 '백일몽'과 '정국', '천관'도 이제는 '탄성' 앞에서 한발 물러나야 할 정도로 위상이 높아졌다. 탄성은 단순히 기존 품종의 대안이나 변형이 아닌, 그 자체로 새로운 시대를 열었다고 해도 과언이 아니다. 마치 루브르 박물관의 모나리자처럼 탄성은 이제 K-풍란의 상징이자 세계적인 식물 시장의 아이콘으로 자리매김하게 될 것이다.

1. 저절로 감탄을 하게 만드는 '탄성'
2. 잎이 물풍선처럼 금방이라도 터질듯 볼록하다.
3. 손톱만큼 작은 완벽한 형태의 미니 두엽 위에 희다 못해 투명한 설백 복륜이 예술이다.

10

고정된 백복륜, 완성된 아름다움
감 탄

'감탄'이란 이름처럼 이 난초를 처음 마주한 순간 누구나 자기도 모르게 감탄하게 된다. '감탄'은 단지 난초가 아니다. 그것은 옥금강이 스스로에게 걸었던 한계를 넘어선 기적의 진화체이다.

'감탄'은 고정성 100%의 백복륜이다. 이는 단순히 무늬가 고정되었다는 의미를 넘어, 완성된 무늬의 조형미와 유전적 안정성까지 갖춘 완전체라는 뜻이다.

감탄의 모체인 옥금강은 설백호 복륜을 자랑하는 품종이었지만 복륜의 휠이 타거나 가장자리가 말리는 치명적인 단점이 있었다. 이러한 옥금강의 불완전함을 완벽히 극복한 최초의 백복륜 품종이 바로 '감탄'이다. 그러면서 완벽한 선과 면, 균형의 미학을 보여주어 저절로 감탄을 하게 만든다.

'감탄'은 아직 대중에게 알려지지 않은 진정한 프리미엄 품종이다. 전 세계적으로 이 난초를 소유한 사람은 고작 4~5명에 불과하다. 그렇기에 감탄은 단지 '희귀한 난'이 아니라 예술품이자 자부심이며, 투자 가치까지 겸비한 K-풍란의 정점이라 할 수 있다. 그리고 이 모든 매혹은 옥금강의 유전 위에 감탄이라는 새로운 이름이 더해졌기에 가능했다.

1. 옥금강을 실생해 만든 백복륜 '감탄'
2. 옥금강 백복륜의 단점이었던 복륜의 휠 부분이 타거나 말리는 현상이 없다.

초록 보석, 풍란 추천을 마치며

우리가 풍란을 만나고 매일 매일 즐거운 것은 언제까지나 꿈을 쫓게 만들고, 소년·소녀의 기분으로 평생 살게 해주기 때문이다. 또한 숨이 턱 막히는 현대인의 삶에서 초록 보석인 풍란은 휴식과 마음의 평화를 선물해준다. 게다가 아름다움과 희소성 덕분에 키우다 보면 수익까지 얻을 수 있으니 사람들이 관심을 갖는 것은 당연하다.

그렇다면 어떤 풍란을 키워야 할까?

이 질문에 답을 하기 위해 부귀란 10선, 신풍란 10선, K-풍란 10선을 신중하게 선정해 소개했다. 가장 어려웠던 분야가 K-풍란이다. 이 책에서 소개한 K-풍란 10품종 외에도 매력적인 K-풍란들이 많기 때문이다.

'만능', '보옥', 천국'이라는 K-풍란이 대표적이다. 아직까지는 공개할 수 없는 숨겨진 히든카드이시만 2~3년 후에는 난초 문화의 새로운 아이콘으로 자리 잡게 될 것이라 기대된다.

이 책에 소개된 풍란을 보고, 작은 풍란 한 촉이라도 키워보고 싶은 마음이 생기길 기대한다.

에필로그

작지만 위대한, **기적의 식물**에게

나는 꽤 오랜 시간 동안 풍란과 함께 살아왔다. 누군가에겐 그저 작은 식물일지도 모르지만 내게 풍란은 버팀목이었고, 위로였으며, 인생의 동반자였다.

삶의 굴곡진 시간 속에서 나는 풍란의 느림과 단단함에 기대어 지나치게 빠르고 삭막한 세상을 조금씩 이겨낼 수 있었다. 바람 앞에서도 결코 허투루 흔들리지 않고, 천천히 그러나 뿌리 깊게 자기만의 시간을 살아내는 풍란을 보며 나도 다시 살아갈 수 있는 용기를 얻었다.

이 책은 그 고마움을 담아낸 작은 선물이고, 또한 나와 같은 누군가의 삶에 풍란이 작은 희망이 되길 바라는 간절한 바람이다.

풍란은 취미가 될 수 있고, 복리성 부가가치의 꿈이 될 수 있으며, 무엇보다 노후의 외로움과 경제적 불안을 이겨내는 방법이 될 수 있다. 그 잎에 스며든 시간, 그 뿌리에 담긴 정성은 결코 배신하지 않는 에너지로 언젠가 다시 우리를 위로하고 일으켜 세울 것이다.

내 꿈은 아주 소박하다. 이 놀라운 식물, 풍란과 부귀란을 'K-풍란'이라는 이름으로 세계에 알리는 것이다. 또 하나의 한류를 이 K-풍란으로 일궈내고 싶다. 한국 난초가 다시 한 번 세계를 감동시키는 그날까지, 나는 이 길을 묵묵히 걸어가고 싶다.

끝으로, 풍란이라는 길 위에서 인연을 맺은 모든 분들게 진심을 담아 사랑과 감사의 인사를 드린다. 특히 지난 10년 넘게 모단패밀리라는 이름 아래 함께 울고 웃으며 살아온 든든한 가족 같은 동료들에게도 이 자리를 빌려 평생의 안녕과 축복, 그리고 인생의 승리를 기원한다.

풍란이여!
그대는 작지만 위대한 기적이었다.
그 기적을 더 많은 이들과 함께 나누고 싶다.
그리고 그 나눔이 삶을 더 단단하게, 더 따뜻하게 만들어주길 바란다.

본비(유튜브 '난초TV', '부자되는 귀한 나초' 밴드 주인장)